本书获2017年贵州省出版传媒事业发展专项资金资助

市民文化的叛逆者

李黎

对叶辛的作品，一些评论者的指责
通
读者的欢迎，都源自于同样的理由
要的有两条：时代的敏感性和讲述

从《蹉跎岁月》到《家教》所贯穿
此
"两性"，铸就了叶辛作品的主要

叶辛的作品，无不敏锐地把握着时

代仿时忧世中揭示着市民所居的心

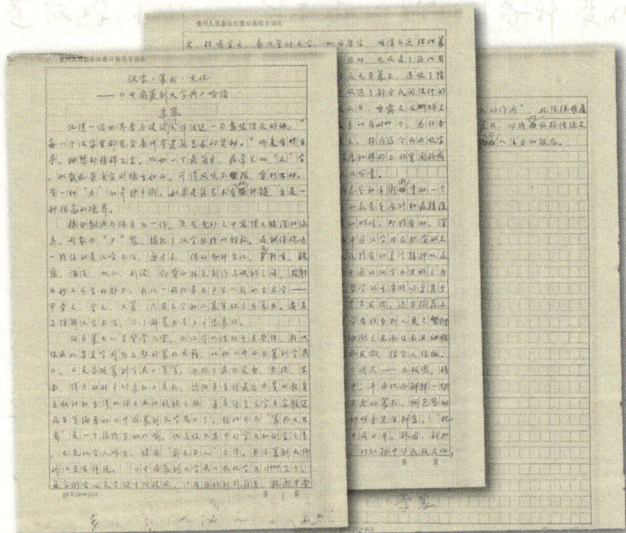

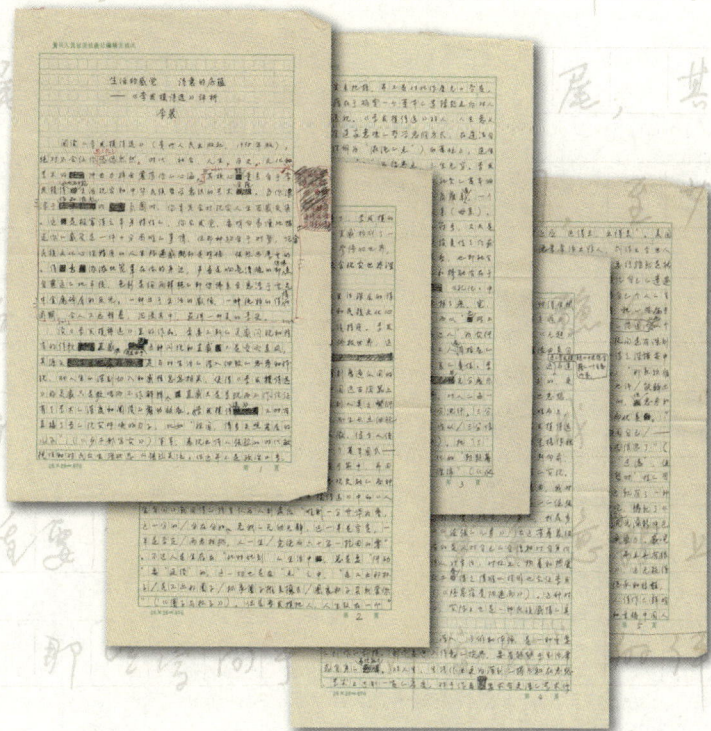

美有靈歷

張東□帖

著者简介

　　李裴，笔名裴戈，贵州绥阳人，1975年7月参加工作，中共党员，研究员、博士生导师，现任中共贵州省委副秘书长、省委政研室主任、省委改革办主任、省社科联主席，中国作家协会会员。从20世纪80年代以来，已在《人民日报》《求是》《光明日报》《文艺理论研究》《文艺评论》《当代文坛》《上海文论》《批评家》《贵州日报》《当代贵州》等国家和省级数十家报纸杂志发表理论、散文、诗歌、评论等各类作品500余件，出版有《小说结构与审美》《痕迹的颜色》《酒文化片羽》和《调查研究十七谈》等个人专著并获省哲学社会科学奖和省政府文艺奖。

美

MEI · YOU LING XI

艺术美是不同于生活美的，艺术美就是艺术美而不是其他。

李裴／著

有灵犀

贵州出版集团
贵州人民出版社

图书在版编目（ＣＩＰ）数据

美·有灵犀 / 李裴著. -- 贵阳 : 贵州人民出版社，
2016.12

ISBN 978-7-221-13802-6

Ⅰ.①美… Ⅱ.①李… Ⅲ.①中国文学－当代文学－
作品综合集 Ⅳ.①I217.2

中国版本图书馆CIP数据核字（2017）第001531号

书　　　名	美·有灵犀
著　　　者	李　裴
出 版 人	苏　桦
策划编辑	谢丹华
责任编辑	周湖越　苏　轼
装帧设计	熊　锋　唐锡璋
出版发行	贵州出版集团　贵州人民出版社
地　　　址	贵阳市观山湖区会展东路SOHO办公区A座
邮　　　编	550081
印　　　刷	深圳市新联美术印刷有限公司
规　　　格	889毫米×1194毫米　1/32
字　　　数	200千字
印　　　张	10.25　彩插4P
版　　　次	2017年10月第1版
印　　　次	2017年10月第1次印刷
书　　　号	ISBN 978-7-221-13802-6
定　　　价	56.00元

目　录

美之于我

美之于他

美之于心

美

之于我

对美的一种解说

　　使用汉语言的人，当他面对某一对象物，心里有所激动，产生了某种带着愉悦性或震颤性的心理意向而又难以言说的感受时，往往会情不自禁地发出慨叹，其间，大概是使用"美"的频率为最高，诸如"美！""真美""美极了！"和"美得不能再美了！"等等。

　　此时使用的"美"字，其含义是很难用一两句话来说清楚的。说它包含着"真"，却又不仅仅是"真"；说它含蕴着"善"，却又不仅仅限于"善"。往往，因说话人的语境不同而又使同一句慨叹的含义大有区别。在这里做策略性的处理，倒有点像园林工人说"杂草"这一概念一样。"杂草"并不是指某种特定的、固定的草类，而是指园林工人不愿其生长的任何一种"草"，它具有否定性的心理意向；"美"则反之，它与某人的具体兴趣、爱好和意愿相关，指向某种人们愿意接受的、乐意体验的对象，具有肯定性的心理意向。二者用法相似而意向有别，很能说明问题。

根据"美"的肯定性的心理意向的特点，把它放到民族文化心理意识的背景之中，我们就有了对"美"做出大致的把握和体味的可能性。在理解和解释"美"这个问题上，历来是见仁见智，实可谓众说纷纭。东汉时代的许慎在《说文解字》中说道："美，甘也。从羊从大，羊在六畜主给膳也。"徐铉注释："羊大则美，故从大。"这叫做"羊大为美"。进一步，有研究者根据《说文·羌下》之说"大，人也"和《说文·大部》之说"大象人形"，将"羊大为美"推衍为"羊人为美"。其后，又有研究者把"美"解释为以羊头或羊角作装饰的人，用"羊饰为美"替代了"羊人为美"，认为人穿戴上了羊的装饰也就"美"了。还有人再做延伸，把"美"解作了"像头上戴羽毛装饰如雉尾之类的舞人之形"，生出了"舞人为美"之说，确认"美"实为古代巫师化装跳舞的象形字。这里，"美"与提供食用的"羊"脱离了直接关系。更有人直截了当地宣称："其实稍有古文字常识的人都知道，殷商甲骨文中的'美'字仅是一个图腾符号。"把"美"引入了神秘的"图腾崇拜"之中，与客观实际物完全无关。在上面的各种说法中，与羊相关者，侧重于从实用价值做出分析，功利目的性是其论述的基本起点，认为"羊在六畜主给膳"，能满足人们生存的生理需要，故羊大则美。肥美之羊，口味颇佳，确实令人愉快。而羊是人养的，与人的关系十分密切，在长期的生产实践和日常生活中，羊与人自是相依相存，渐次形成了某种具有固定性的、带着浓厚的情感色彩的联系，是以羊人为美。正因为羊与人在生活生产实践中的"亲密"关系，用羊作装饰并以之为美也就顺理成章了。但是，"美"中的那种特殊的精神体验之滋味却是胶着于羊而难以圆满地得到说明的，这也才有了脱离"美"与羊的关系，另辟蹊径而出的"舞人为美"和"图腾符号"之说，将"美"放到了巫术、仪式、祭典、原始艺术和图腾崇拜的"上下文"里进行考察，把"美"与古代人或原始人企望生于尘世而又能同某种超自然力进行沟通、接触而获得驾驭自身的能力的意愿联系起来，并着重于对这一过程中的精神体验的分析和阐述。

毋庸置疑，以上各说都有充分的理由相信自己的解释是有道理的，并相互辩驳，认为彼方有误。面对这种情形，我想，能否通过某种解说，把各种见解连贯起来？是否"美"本身就已包含了"羊""人""羊饰""舞人之形"和"图腾符号"等因素？并且它正是这各种因素的融合体？我以为这是可能的。

"美"字最早见于殷代的甲骨文。在殷墟卜辞的甲骨文中，美、羊、大（人）的写法都与《说文解字》中的写法相同，可见，羊在"当年"确实具有举足轻重的地位。因此，探讨"美"的含义从"羊"入手无疑是理智的做法。羊与人的生理需求的"饮食"当然关系密切，自不待言。更重要的是，羊与最高统治者天子（这是一个"人"）的"德"经由饮食而很有"瓜葛"。有学者在论及《吕氏春秋》之时说："天子的德由其与季节和谐的味道食物所维系——麦子与羊肉。"羊肉之所以为"当时人"注目，一个重要的因素在于它与季节中的春季相连而意蕴独特。在春天里，人的"'生命本原'可通过味觉尝知，'其味酸'，可经由嗅觉感知，'其臭膻'"。羊肉正好具有强烈的膻味，"这恰与春天的酸味相吻合"。春是万物"生"的季节，充满希望，充满愉悦，充满某种滋味深邃的精神体验，所有生灵都在此时渴求着发展自身。这是一种开端，是一种时间的"始"，而"在可以谈到时间以前，存在着一个混沌时期。那时还处于原始混沌中，尚不存在'始'，也不存在任何'时'，时间和开始共始末：当一个生物消失了，它又依旧回归混沌，它的生命结束，而伴随着它的时间也就随之停止"。"在其开始和结束由个体的生命特性（在为每个物种设定的限度之间它仅有细微的变化）所决定的有始有终的时间上，存在着某种无始无终，一切起自于它，一切复归于它的东西，而这个若隐若现的东西本身描绘了一个按定义无始无终的圆"（以上各引文参见《文化与时间》，[法]路易·加迪等著，中译本，浙江人民出版社1988年版，P31－64：克洛德·拉尔《中国人思维中的时间经验知觉和历史观》）。此论也暗合于周易之太极思想与太极美之说。由此可知，"始"的发动格外醒目，受人青睐，生命的体验和欣悦得以开展，而这开展的过程又是与那若隐若现、无始无终的难以明确知觉和表达的东西相连接的，故其带上了强烈的对生命本原充分肯定的意味而令人的精神异常兴奋。在此基础上，我们细细品味"美"可能就会对一些问题豁然开朗。

可以这样说，"美"由于"羊"的作用，在很大程度上与审美主体的生理需求及感官愉悦（饮食与饮食之味），与伦理价值（天子之德。汉字"善"含有一"羊"字，可为佐证），与自然宇宙秩序（春及春的起动回复。汉字"祥"也有一"羊"字，吻合于地利天时，恰好回映）建立了难以割舍的联系。同时，"美"还在这生理感官、伦理和自然宇宙之间发生着联络沟通的作用。由此，"美"也就在庞大的精神宇宙的回环中格外地丰富了起来。它发生发展的逻辑，也就当是由一般感官的快乐逐次上升到精神的无尽体验之中。这一过程里，糅合了各种可见的和不可见的、可言的和不可言的人的生存的滋味：既有实用的功用的价值含蕴，同时也有经验的和超验的精神因素，在最普通的感官感知的愉悦中，包孕着对于"天"的敬畏并通过"美"这种方式和形态来沟通

"天"，连接一般意义上的认识领域、伦理领域和自然领域的精神企求（它的基础是建立在人的感官可以知觉的对象，并通过这一对象而体验人们乐意体验的意味之上的）。

把以上解说作为根据，我们似乎可以说，人们感知的一切凡是暗示了、冥合了、隐喻了和象征了"美"所笼罩的领域中的任何一点、任何一级或任何一种趋向，都可以使用"美"来加以"言说"。同样，意向蕴含的反讽也是可以用"美"反说的，其理众所周知，自不待言。

试析艺术美的成分及其根由

　　对艺术品来说，"美"是最重要的属性和标准
之一。艺术美不是单一的存在，而是由多种成分、多
种层次浑然一体地含蕴在艺术品中的。对这一问题，
在以前的一些论述中其阐释带有片面性，不能全面地
加以把握，或是采用描述式的论述方法，既"大"，
且"全"，然而太杂，不能说明问题；或是对艺术美
的各层次的先后及层次关系，没有详细阐述，甚至有
相混淆的提法。例如：有人将艺术家所集中反映在作
品中的现实美与艺术的形式美分割开来，以至将艺术
的形式美放到最后的层次。这种看法就脱离了艺术美
本身的属性，显然是空泛而不切实际的，因为我们欣
赏艺术品的美，首先应是感官对艺术表现媒介的直接
感受，比如欣赏绘画和音乐，首先直感的便是线条色

彩和声音、声调和旋律。而通过线条和色彩的变化，我们才能理解画面的意蕴，通过音乐的声音，声调、音色和旋律的变化才能理解感知音乐本身的意趣。这里的第一层面，无疑是艺术的形式美，而不是其他。这至少是我们应有的最基本的逻辑思路。还有的人认为艺术美是艺术家形象化的表现所创造的美，这种提法强调了主观的能动性而缺乏全面的客观把握。又有人强调艺术美是生活美的集中反映，否定了艺术家的主观审美理想和情趣对作品的渗透作用。就目前的情况看，对艺术美的具体提法以及对艺术美的成分分析均没有达到令人满意的程度。下面，我们将艺术美及其成分确立在人们对艺术美感知的第一印象——艺术的物态化形式的逻辑起点上，然后展开，尽可能系统地、有机地将艺术美的成分做一个比较客观的分析。

一、艺术美的第一层面：形式美

当谈到艺术美的时候，我们首先接触到的是直接作用于感官的艺术品的物态化形式。有这客观实在的形式美，我们才能谈它的艺术美，也只有对这客观对象物（艺术品）的物态化形式——形式美产生了某

种带有愉快性或震颤性的心理意向而又产生难以言说
的感受时，才可能情不自禁地发出感叹，才会使用
"美"这一概念，才可能有对欣赏对象的艺术美进一
步领略的可能性。

不同的艺术种类含蕴的美，首先都是通过形式
美展示给我们的，就视觉艺术来看，其艺术美的展现
给人以美感，依靠的是线条、色彩、画面、结构和对
称等形式的表现来达到的。有了艺术形式在我们感觉
的第一印象或第一直感后，才会有人们对艺术美的感
知。有学者由此衍生、深化研究认为：抽象了的表现
形式是情感符号，并断言那些重新发现了感情形式并
认为它确是本质质素的人，而使艺术形式得以联结，
才有艺术美本身的审美情趣。例如：当我们面对毕加
索的《椅子上的黑衣少女》这幅画时，我们会非常
兴奋与激动，我们就会看见一个少女的正面与侧面，
经过概括了的、化了妆的、明艳照人的脸，有着长长
的睫毛、长长的黑发、黑上衣、花格裙典型的法国美
女。我们之所以有如此的兴奋与激动，是由于画面形
式的缘故，是这幅绘画作品的存在形式吸引了我们。
换一种方式，如果毕加索采用古典手法来描绘，顶多

不过是一幅时装广告而已。

英国的C.W.瓦伦丁著作《美的实验心理学》在谈到绘画的形式美之一——色彩美时认为，"色彩的影响应从我们经验中所建立起来的形象方面去追根溯源"。这无疑很有道理，它引导我们进一步思考形式美作为艺术美的第一个层次的深层原因。比如，红色和黄色之所以给我们以暖的心理效应，就是它们常常被联想到阳光或火的炽热，绿色对忙忙碌碌的人们之所以显得宁静，是由于人们整天面对的繁琐事物，由此而联想到大自然的静谧。这种因直观色彩的刺激而产生的心理反应效果，就是绘画艺术色彩的形式作用之一。就一幅绘画作品而言，除色彩调和，光度变化体现出美感之外，还有画面布局、结构的美。我们可以看到无形的色彩斑点本身可以使人们感到高度的愉悦，当然，就完美的审美愉悦而言，眼睛只受到美的色彩的刺激还远远不够。其中，形状的美也是一种美，如白纸上勾勒的简单的黑线，我们就会发现形状所导致的不同于色彩的快感，即使是简单的直线和曲线也会使人感到愉快或不快，甚至使人感到惊讶。

再就听觉艺术来看，其艺术美的展示，也首先是形式美的诸要素，比如音调、旋律、节奏的配合起迭、声律的变化形式。这些形式美的要素，能使人保持兴趣并激发思维活动，在听觉艺术中得到美的享受。对一首乐曲的某种节奏形式的把握，使我们能以对某种反应的内心态度接受乐曲所蕴藏的思想情绪和内容，如果音符是按无规则的序列排列的或一种新节奏只出现在很少的几个小节内，那么对这种反应的内心态度便不可能构成，由此可见，形式美对于艺术美的表现是何等重要。

再看语言艺术，其艺术美的表现无不与形式美相关，比如，一个时代诗的词汇，或者说诗的语言是由那个时代诗人所使用的"说话"方式组成。如果一个人采用一种新的优美的短语，一个新的形象或一种新的节奏手段去描绘一个行为，这一技巧对其他诗人当然有所触动，对一般读者更是大有审美作用。在诗歌形式的审美空间里，是诗歌短语媒介（形式）自身具有的和体现出来的美，首先让人感动。

可以这样说，艺术的形式美是引起人们知觉的真实对象。但是，"形式"这个词却有多种含义，这是需要加以注意的，它首先可以指一种态度，也可以指一种理论，而我们这里所指的"形式"是来自于理智，并为奠定感知的把握或者行为道德的基础的客观实在——物态化的艺术品。这里的形式给予我们的最初"陈述"变成了相对性的，已经不再以这些陈述的明显性为基础，其本身是形式所要求的，因此，理解"形式"这一概念应以"形式""质料""实质""内容"相对应来展开。由此，我们就能更好地理解艺术美的体现，首先是艺术形式的客观实在这句话，我们就可能对诸如绘画艺术的色彩调配，光度的变化，画面结构，诗歌艺术的语言、声音、韵律、节奏，音乐的音调、旋律、节奏的配合以及小说的语言，电影艺术的镜头、画面的直观显现等艺术的形式及其所体现的美，不至于做肤浅的解释。由此，我们也可知艺术美是不同于生活美的，艺术美就是艺术美而不是其他。

由此，我们还可以知道，有人把艺术美之形式美放到了次要的地位上，无疑就是一种失误。持这种观点的人还将艺术形式美的重要的客观直觉存在的象、形、声、质放到了第二层面而推崇艺术美的表述对象——艺术品之外的所谓生活世界（这些至多是供艺术品反映的内容，诸如绘画的布、颜料、雕塑的石头、木材、抒情诗的文字、建筑的砖瓦，而绝不是艺术），这些还谈不上艺术的原始材料，本身还不具备艺术品的资格，就更谈不上对艺术美做深入的系统的研究了。

二、艺术美的第二层面：意象美

我们对艺术的直观的感受，在通过结构形式、语言形式的变换形式的接触之后，我们的意识会随着这些形式的变换而在我们的视觉、听觉、味觉、感觉里产生一种令我们激动的物象。这种令人激动的物象的获得，与艺术美的创造有关。任何一个艺术家创作时都有一个意象性的结构和企图，而且艺术家的眼光不是被动的、机械地接触外界存在的客观事物和感知材料的，而是构造性的，并靠构造活动，才能发现构造事物的美只有意蕴才能使意象从认识对象物的实在中升华出来，而成为具有完整性的有意蕴性的形式，是有组织的、有内在统一的，因而是有意蕴的感性世界。

这样构成的艺术美的属性，它体现为意象美。

对此，我们可从四个层次来观照：第一个层次是主观的意图，即"我认为美的东西为美"，这是依据自我欣赏的情趣、爱好、需要的不同，而对客观事物呈现出来的不同的感受反映结果；第二个层次是客观的存在性，是现实生活中客观存在的美，是自然和社会中客观存在的，人们完全可以靠直觉和知觉得以感受；第三个层次是现实客观存在性和主观性的融合，人们既可以通过意识来感知事物的美，又可以因事物的美而使人的感知得到愉悦；第四个层次则是在这以上三种层次之外的价值和意义性。这四个层次的综合，为艺术形式所体现的意象美奠定了基础，构成意象美的基本结构。有人认为艺术家反映在作品的艺术美中的审美意象的现实美，只有它的客观存在的自然美和社会美，这显然不足。自然美和社会美只能是被艺术家在艺术作品中反映的对象，自然界的美是通过艺术家高度的集中、概括之后所表现出来的，它永远高于自然、超于自然。我们取郑板桥画竹的论述作为一个例子来进一步阐述我们的观点和我们通过艺术形式而感觉到的意象美。

郑板桥在一幅画竹上题词："江馆清秋，晨起看竹，烟光、日影、露气，皆浮动于疏枝密叶之间。胸中勃勃，遂有画意，其实胸中之竹，并不是眼中之竹也，因而磨墨展纸，落笔倏作变相，手中之竹又不是胸中之竹也。总之，意在笔先者，定则也；趣在法外者，化机也。独画云乎哉？"这里板桥有四个层次：自然之竹—眼中之竹—胸中之竹—手中之竹。这四个层次是层层递进的链，而不是分离开的个体，这种递进的过程是物化的过程。物态化后的"手中之竹"（艺术品）既不是"胸中之竹"也不是"眼中之竹"，是"倏作变相"之后的"竹"（艺术品）。这里的"美"，我们是通过形式美（线条的粗细、长短，墨色的深浅浓淡）感知的，而每一个单一的形式（一条线或一块墨）及其相互的搭配和交换，则产生了一个完整统一的"意象"，并给人以美。物态化的"手中之竹"，是一个独立的审美个体，是包含并超越了胸、眼之竹而诞生的，在其完整的意象之中，有着我们上面提到的四个层次的含蓄，而非仅是一点"现实美"。

从被人誉为"成熟的语言艺术"的诗歌来看，它的审美意象起码尝试性地建立在开端第一行诗句上。

其意在于将读者或听众的注意力从交谈的兴趣转移到文学的兴趣上来，即由现实转移到意象上来。所以，读者一开始阅读诗歌艺术品时，通过艺术美的接触，即面临着经验的虚幻秩序，无须是或好、或坏、或重要、或琐细，甚至或惘然、或神奇的特点说明原委，便具有了十分明显的意蕴。这便使读者感到美妙，朴实、动人或忧郁、恐怖、可怕。这些有意义的虚幻如一幅幅的立体图画在灵动处变换的循环使诗歌世界保持了连贯性。通过一般形式呈示的单个意象，作为主观的客观的意象的多向融合，本身具有含义，这种含义虽然具有情感的选择作用，但情感色彩并不浓厚，然而两个或两个以上的意象通过某种方式联结后，便可能产生新质，将诗歌的内涵推向丰富的审美高度上，平行的排列与递进的组合形式是意象在诗歌中存在的基本方式，它在各个意象的"意象相似"的合力中，各意象共同的特征得以突出并由此诞生了诗歌的整体的意象的审美内涵。如王之焕的五言绝句《登鹳雀楼》中"日"与"山"，"河"与"海"的排列突出了意象的"恒定性"和"运动性"的特征。前两句与后两句的各意象的组合气势浑宏，含蕴了一种强烈的躁动不安把那不尽之气推向极致。这种在一般的形式下构成一般意象而进一步组合产生出的浑宏的意象美，确实令人拍案叫绝。

在雕塑领域中，意象的作用似乎不及绘画和诗歌那般重要，这是因为绘画要在一个平面上创造一个虚幻的三维空间；而诗歌是要语言来传达情感，也借助意象；而雕塑本身就是一个三维形式的存在体，它使我们感觉空间是在三维画面上呈现一个三维的物体，但雕塑体的本身似乎与周围的空间有着一种连续性，不论固体部分有多大，都与周围空间组成了一个整体，成了有着生命的形式。这种生命形式是对于实物的有力抽象，同时也是对我们通过实物手段（一般形式）建立起的三维空间的有力抽象，这种抽象的意蕴界又依靠触觉和视觉，从而使雕塑的结构处于三维空间，也就是能动的空间的表象之中，并因此成为我们周围的空间意象。

听觉艺术的音乐，其审美是从音高、音量和音色等形式要素按照顺序排列的纯粹声音，我们在欣赏音乐的时候，通过这些审美的形式外观可以领悟到音乐的内涵。就音乐本身的特性之一而言，可以说：凡把音型混在一起进行对比或弱减，简单说是音响的要素，均为音乐的要素。以前的美学家们也一直都强调诗歌杰作与音乐杰作的统一才是歌曲作品的最完美的形式，就是说当诗的轻微节奏在和缓的交错中同音乐节奏融合在一起时，效果才最美，这就肯定了音乐脱离不了诗歌的文学形式，音乐也跟诗一样，有一个"表现力的内核"，它也是表达的一种"灵魂的状态"，它是靠"音乐符号"来表达一种完整、简洁、清晰、和谐而没有过多文字的形式来表达这个"内核"的。这样，音乐形式的范围也是很丰富的情感生活，对这些情感生活进行详细描述，则需要微妙、复杂、独立的符号，当音乐本身强有力的时候，它就同化了语言文字的功能而形如诗的意象那样，成为推动情感的中心轴。这种推动我们情感的核心就是音乐的幻象，就是音乐艺术的意境——通过基本形式而体现的完整的意象美。

绘画、音乐、雕塑、诗歌等艺术种类产生的艺术美，与形式美有直接关系，与通过形式而感知的意象美有关。没有意象美，形式美是单一零碎而难以深化、难以成立的；没有形式美，人们对意象美的感受便不可能找到感受的契机和媒介。对意象美来说，它理当是艺术美的一个重要组成成分，而其之所以具有艺术魅力，能呈现美的形态，让人感知到其美，无疑与某种精神内核表现力有关，而且这"表现力的精神内核的显现又是建立在民族经验和民族文化心理之上的"。

三、感知艺术美的根由：形式、意象中的民族经验与文化含蕴

艺术品的形式美和意象美有着民族的经验和文化含蕴并特别地体现出民族文化的背景。换个角度，体现在艺术作品中的民族文化经验和民族文化含蕴是通过艺术品的形式美和意象美而得以表现和阐释的。我们完全赞同"艺术越是民族的就越是世界的"这种说法，因此，这里谈"民族性"，事实上也就谈了"人类性"。形式—意象—民族经验与文化是一个连续的过程，是浑然一体的统一存在，比如诗句"春风又绿江南岸"，其中的"绿"，从美的物质属性来看，是形式；从句子中的连缀来看，是意象；从其表达来看，却又是一种生活经验和农业文化所特有的质素。

这"绿"，既有动态（绿的蔓延渐进），又有静态（春的瞬间色彩），为其他的"字眼"所不可代替，其意象的排列与组合是高出形式的美感而达到"意象张力与应力的矛盾对峙"并生发深层的艺术魅力，这里有一种双重性的经验含藉：一是个人性经验（瞬间性的观感），二是美的经验具有恒定意味的农业文化中对"绿"的特别的钟爱。在我与物、情与景、虚与实之间的交融中，个人的瞬时感产生随意性而具有独特性和创造性，类的历史基础的系统性使艺术有了普遍性和稳定性。二者密不可分，支撑着艺术美的形式美和意象美，并且它还是使得艺术美产生越我性的坚实基础。

人类发展史的事实告诉我们，人自始至今都在积累着经验，只是这种积累经验的过程是一个极为漫长的过程而有时被人们忽略。尽管最初的经验没有用理智的、明确的、意识的语言形式固定下来，但就是这些积累的经验也还是顽强地在人的意识深处存在了下来，并且，它还在不自觉中成了人与人之间产生共同感受的系统基础，这是我们人类所共有的直觉经验的基础核心。由于人类积蓄的经验的沟通作用，它就使得审美本身可能产生超越。有了超越，也就有了它的深层意义和作用。在这里，艺术依赖于民族经验和文化所可能获得的超越，发生质变和产生新质，有着两个层次的含蕴；一层是个人的，另一层是类的。

个人的超越在艺术中是以个人的经验为基础的，它从个人的感觉、体验、情感、情绪等诸多因素为起点；向外辐射自身内蕴的能量。并且，这种个人在艺术审美的来源上，是个体的人对整个世界、社会、人生、情感等的总体把握，观照和体验的内聚力的筛选和聚合，而使这种用生命意识和责任经验所构建的艺术品最大限度地表现出个人由艺术的感悟而艺术地直觉到的所有一切，而将个人经验的多层次性渗透在作品之中。郑板桥的画竹和题词中"江馆清秋，晨起看竹，烟光、日影、露气，皆浮动于疏枝密叶之间"就属于个人的视觉经验，在郑板桥观望大自然时，个人的心灵在大自然清新悠淡雅致而又秀美柔和的感召之下，使个人经验直觉到了自然具有不可穷尽的神秘，使个人经验灵动兴奋，从而追求那未知世界的境界，便有了"胸中勃勃，遂有画意"之感，这就是个人直觉经验得到了超越，这种超越是个人的超越，它还必将落到超越的第二个层次上来，才能产生真正的具有广泛的吸引力和影响力的审美魅力来。

类的超越，在艺术中具有尽可能大的广度和深度，它来自于个人的超越，并由个人的超越来体现人，远远地在个人超越之上。当这个人的超越向类的超越靠近的时候，个人的经验符合于人类的经验是至关重要的。属于个人说出来的，是人类所共同具有的，而又是心里明白却未能说出来的，就像"其实胸中之竹，并不是眼中之竹也……手中之竹又不是胸中之竹也"。胸中之竹就已经超越了直觉经验的眼中之竹，即为现实世界之中的实物和自然之景象。当这第一步的超越上升到第二步，手中之竹又不是胸中之竹的时候，就是使艺术的本身有了更为浑宏壮阔的氛围。创作者与鉴赏者在这里有了某种程度的沟通，而在艺术审美的这种沟通上，它往往是模糊而多解的。而程度的深浅，则由艺术品的内蕴对于美的记忆的揭示和审美把握的多少粗细而确定。这种体现艺术内蕴而展示的美的记忆的重要内容也就是文化的含蕴，也就是民族的经验和精神。艺术家都生存在民族之中，是民族性格、习惯、文化、背景而塑造出来的，他们的精神内质完全是由民族的文化和经验背景而形成的。一旦形成，其精神气质就会贯穿于他们整个的创作行程之中并成为艺术家所创作的作品有生命价值的内核。因此，我们认为，艺术家在达到类的超越时，必定地带上了民族的特质。

这种个人和类的超越性，对于艺术美来说，它是寓于形式美和意象美之中的，使形式美和意象美含蕴了这种个人和类的经验。由经验之积累而构成的文化特质，其作用更为突出。有人断言：诗歌是一种文化现象，其依据就来自诗歌含蕴着民族精神的共同经验性这一点。无论是形式美还是意象美，底蕴里无疑都镶嵌着经验和文化的因素。诗歌如此，其他艺术种类又何尝不是这样，没有这种因素的渗透，艺术美真正的发扬光大就不可能具备可能性。作为形式美和意象美根基的民族经验与文化，其民族精神内涵的表现还有两个重要特点：一个是民族特有的交流和表达方式，另一个是艺术美的直觉和幻觉世界的内涵具有不可穷尽性。二者的交融产生出无穷无尽的关于艺术美的理解和阐释，同时使艺术美的形式美和意象美更为浑宏博大。其氛围进一步产生出审美的心理效应中的神秘色彩，将艺术美推向极致。比如唐诗《登鹳雀楼》在形式美和意象美之中就含蕴着民族经验和文化的因素，奔腾着民族精神的血液。在我们民族的"美的记忆"里一般形式和意象的"白日"是原始的崇拜对象，是民族崇尚的"万物之灵"；"山"凝聚着阳刚精盛之气，高凸而雄伟；"黄河"被誉之为我们民族的摇篮；"海"是理想的境界；这些都是我们民族崇拜的对象，在这些形式意象的叠加之中蕴含着丰富的"美的经验"和民族精神与文化含蕴，构建了这首诗的深沉悠远的艺术美的境界。

以上，我们对艺术美的成分及根由进行了分析。各个层面不是孤立存在的，而是每一个层面之间和每一种成分尽管有一定的独立性，然它们相互间毋庸置疑是相互联系、相互渗透、相互包容和交叉的。在艺术作品中，这些艺术美的成分是浑然一体不可分割的，而且当每一个层面和每一个成分相加后就远远地超过它本身的含意，其基底和根由则紧密联系着民族经验和文化的因素，由此，艺术美才有了可以无穷无尽地生发艺术魅力的可能性。

时间——生命观念

　　个体的人对生命流程的体验是人作为人而存在的一种特有感觉，在动物中，人是能自觉地意识到死亡的，而死与生是一个对子，结合文化、历史、哲学在审美的意义上来探究这一问题，对"在生"的人的生存是很有启发意义的。下面选择中国古典小说中的奇葩《金瓶梅》与《红楼梦》的比较来做一讲解。

一、文化背景

　　具体探讨《金瓶梅》与《红楼梦》的时间生命观念及其具体体现，当从文化背景入手。这两部小说所描绘的家庭生活、人物际遇和官场市井形形色色的表象所呈示的心态、意念态度和观念等精神因素，总是与农业文化相关，都注落到农业文化之上，或可说，由农业文化之精神实质所生发的。农业文化思想里，人们思想和情感最重视的对象之一无疑是农作物。世世代代生存在"这片土地"上的人们，农作物的丰富对其生活是会产生直接影响的，不重视是不可能的。而农作物的生长又与农事节气有关，遵循或违背农事节气与否，将直接影响农作物的收成情况。由此，人们对季节的变换更替有了极其敏感的意识，并进而将此构成了一个基本的时间单元。人们的自然宇宙观在这里找到了经验的基点，使得整个的时间观念由温饱——人的生存的生理需求问题带上了"人情味"（恰如表示时间的"日子"这一概念所含之意味一样），并在日常生活里生发着巨大的作用（比如"婚丧嫁娶"之类的事情，必定要看一看"时机""期会"才行动）。在《金瓶梅》与《红楼梦》里，每遇生活中之大事件，施行行动的人们十分讲究"时机""期会"，看一看"日子"之后才决定是否行动。时间节律的把握，不容出现任何偏差，一切都得符合"规矩"。比如《金瓶梅》中李瓶儿之死和《红楼梦》中秦氏之丧的大事件，就是十分地考究"时间"，遵循时间之规矩的。《金瓶梅》不厌其烦地写了"头七、二七、三七、四七、五七"这些日子里的各种具体活动；《红楼梦》详细写了"五七正五日"这一天的活动。二者对于在什么时间该做什么和不该做什么都极其严格。农业文化中，人们坚持认为，如果人的行动节律与自然的运行节律不相和谐的话，就一定会导致错误，甚至生出"意想不到"的灾祸来。

因此，每一事物、事象和现象的开端与结束（什么时候开端，什么时候结束）变得异常的重要起来；始与终往往被人们赋予神圣的意义。对于生命现象，始生与终死的两极无疑都是生活的大事件；它们经由"在生者"的评价，具有相当复杂的含义，并由于始生者与终死者的"社会身份"不同而产生不同的价值取向。在形而上的层次，始生终死在阴与阳（自然宇宙的节律）的作用之下，合而为"一"。

所谓"生即死，死即生"就是中国民众普遍知晓的对生死看法的一种哲学意味的表达方式。人们的精神深处偏向于认为，在始与终、生与死的"背后"，存在着一个生命孕育其中的混沌体，"它"生发自身而又结束自身，是一个"可感"而"不可知"的存在，整个的生命现象都出自于"它"，一切生命都得服从于"它"。

现实感极强的生存于农业文化中的"现时的人",在生命的角度上,体味最悠长、经验最深刻的毫无疑问是生命的流程;人们最贴切地感受着从生到死这一过程中的酸甜苦辣和悲欢离合;即使是对于生命的未来的希望和寄托,也是深深地镶嵌在现实的生命流程之中的,这自然是不能回避的。怎样看待生命的精神的这种体验,因侧重点不同,便有了不同的看法和观念。如果认为生命的终点——死,是人生的真正结局,是生存的本质所在的话,那么,生命的流程就可以概括为"归"(回归本原状态是真正的"生",肉体仅是表达本原的工具,是"生"的累赘)。不难看出,老庄学说是比较倾向于如是之说的。如果认为生命的起点——生才是生命的本质所在,人只有在"有生之年"才能实现各种价值、创造各种财富的话,那么,生命流程就可以用"逝"来概括了。"子在川上曰:'逝者如斯夫。'"又有古诗:"昼短苦夜长,何不秉烛游?"既是对时间的慨叹,也是对生命的注释。在生命的始生的流动运转中,人才具有人的生存价值,并获得作为人而生存的本真。无疑，这是儒家学说所乐意认可的。

二、始与终

小说空间中的生命主题，无论从整个内涵还是一般的形式意义上，小说的始与终——开篇与结局，对应于生命流程的两极，将是极其富有精神情感之体味的悠长意义的。在小说之始与终的铺排营构中，无疑隐含了个体的人对生命流程之精神体验的某种看法和观念。不同于历史小说和神魔小说而偏重于言情伦理的小说《金瓶梅》与《红楼梦》，其中蕴含的个体的人对生命体验的色彩是非常耀目的。它通过转化为零零碎碎的生活琐事，集中于"家庭"的范围，经由苦心孤诣的叙述特色的追求，将生命流程的体验表现得淋漓尽致。其底蕴里所贯穿的，则是与生命流程相应和的时间观念。

《金瓶梅》与《红楼梦》的始与终，最集中地体现了它们对生命—时间之精神情感体味的基本观念和心理意向。它们各自代表的是两种典型的时间观念：一"实"一"虚"；一个着眼于"逝"，一个则着眼于"归"。

小说《金瓶梅》开章明义第一回的标题叫做"西门庆热结十兄弟　武二郎冷遇亲哥嫂"，绝对现实的意味，既不飘逸也不玄奥，平朴如家常，就像在说"刚才"发生了什么一样。正文以"诗"开头，"豪华去后行人绝……"，接着一段"教训"文字，然后概言道："有一处人家，先前怎地富贵，到后来煞甚凄凉。权谋术智，一毫也用不着；亲友兄弟，一个也靠不着；享不过几年的荣华，倒做了许多的话靶。内中又有几个斗宠争强、迎奸卖俏的，起先好不妖娆妩媚，到后来也免不得尸横灯影，血染空房。"说明善恶有报，不差毫厘。再下面"小说"开始："话说大宋徽宗皇帝政和年间，山东省东平府清河县中，有一个风流子弟……"如此之"始"，仿佛黄昏时分于酒楼茶肆、院坝家门，"侃"家长里短，充分体现出对于"生"的依依之恋，非常计较于在生之时怎样，不大在乎非生之时的如何；侧重于从"在生"来观看和体察"生"，而不是超出于"生"之外来看待和思考生。《金瓶梅》的结尾，第一百回标题为"韩爱姐路遇二捣鬼　普静师幻度孝哥儿"，这里出现了"幻度"二字，小说里只轻轻带过"化阵清风不见了"，重点落在月娘"寿年七十岁，善终而亡，此皆平日好善看经之报。有诗为证：阅阅遗书思惘然，谁知天道有循环。西门豪横难存嗣，敬济癫狂定被歼。楼月善良终有寿，瓶梅淫佚早归泉。可怜金莲遭恶报，遗臭千年作话传"。这样的"终"，其评价和议论完全控制在日常的生活经验的层面上，在"这时"的人怎么样，把人的生命流程具体地铺排在了生的范围里，使小说所可能产生的精神情感的体味紧缩于"现实"之中，浮现出生命只有在始生的运转中才具有"意义"和"价值"的意向来。由此，《金瓶梅》对"当下"的现实生活和人的感受具有了很强的介入性，使人们不得不去注意它，甚至想回避也回避不了。

《红楼梦》的开端，与《金瓶梅》大异其趣。其第一回的标题叫做"甄士隐梦幻识通灵　贾雨村风尘怀闺秀"，"梦幻""通灵"之类的概念和具有双重含义的姓名"甄士隐""贾雨村"之类，不可能不给人以空脱玄妙之感，明明白白地摆出了一副超然的模样。正文开篇，讲"技术"问题，"此开卷第一回也。作者自云：因曾历过一番梦幻之后，故将真事隐去，而借'通灵'之说，撰此《石头记》一书也。"此语一出，"真事隐去"（甄士隐），"假语称言"（贾雨村），阅读者已然是隔"帘"看花，于不自觉中，生命流程的生的表演，已控制在了超越于生之上的"帘"之中了。胶着于"在生"之时来体察"生"，无疑令人难以忍受和洒脱，难以观看千种风情。应站得高一些，应对自己的"在生"的一切具备一种反思和控制的能力，以达至较高的精神境界，这需要人在一种"非现实"中观照和思考自身才能达到。故小说特地点明："更于篇中间用'梦''幻'等字，却是此书本旨，兼寓提醒阅者之意。"然后，小说从遥远的具有人类起源含义的女娲氏炼石补天说起，把人们的思维推到玄虚的极致点上。《红楼梦》的结尾，第一百二十回的标题是"甄士隐详说太虚情　贾雨村归结红楼梦"，与第一回目遥相呼应，这里的非实在性，分毫不爽。"空空道人"的言行和最后的词句"说到辛酸处，荒唐愈可悲。由来同一梦，休笑世人痴"，强化着小说世界超越现实具体实在性的企图。小说得如此之"终"，其评价和议论的意向注入了非生非死的精神因素。世人的痴，正在于不能将"在生"看成真正的"梦"；如果能看成梦，就会进入另一精神之境，得以超脱。而困难在于身处"在生"以图超越和反思"在生"，本是一件几乎不可能的事情。小说正是在这一点上含蕴着精神延伸的可能性，将生命流程的精神情感的体味延展到了"现实"之外，让人感觉到生命的真正意义和价值很可能是在生命的终点之处，死才是真正的生；由死进入生命的本原，铸成非生非死的精神情感世界。由是以观，《红楼梦》里所使用的各种"狡猾之笔"，比如故意隐去了小说所写"故事"发生的"朝代年纪"，云是已"失落无考"，并在诸如地点、官职等问题上采取了一系列叫人"烟云模糊"的障眼法等等，都是顺理成章的。在这"背景"中，小说里那种种惟妙惟肖、栩栩如生，甚至是"可触可摸"的"现实生活"，皆于现实之中透出了玄想，在对"现实生活感"的介入中透出了解脱之精神翅膀。

由于《金瓶梅》与《红楼梦》对生命—时间观念的不同偏向，一个侧重于"逝"的精神状态，一个侧重于"归"的精神状态，因此对于生命—生存的本真的看法，便各有所好了：一个强烈地渲染始生的运转；一个睿智地导向终死的消融。它们各自都以为自身于此把握了人生的真谛。

三、实与虚

基于小说的生成与个人对人生——现实生命之体验有密切关系的看法（那些认为《红楼梦》成书与作者曹雪芹的个人生活际遇、家道兴衰有着必然联系的各种精彩的论证考据之类可佐证），就个人而言，在创作时必定要选择生命流程中、现实生活里的高潮体验为其表现的重要核心。这里面具有举足轻重而又难以回避和难以"谈论"得好的原因之一，大约就是"性体验"了。正是在这一点上，相当程度上使得《金瓶梅》与《红楼梦》生于同"根"（个人生活、家庭圈子和社会历史之表现接近），而作品在社会上的"命运"却不相同（社会效果和审美效应不一样）。

无疑，这与两部小说时间观念的不同侧重进而对生命生存的本真各有追求是分不开的。《金瓶梅》从"在生"中来观察和体验"在生"之生命流程，将生的体验处处落于实在之地，因此其性的体验理所当然地追求"可触可摸"的现实效果，有时甚至将性作为推动小说情节发展的最重要动力，既不避也不讳，就是要给人以赤裸裸的切肤的感受。《金瓶梅》书名所指涉的三个人物，潘金莲、李瓶儿和春梅，她们体现的浓厚的性的色彩是相当直截了当的。潘金莲似可被称为"唯性是瞻者"，她的喜怒哀乐或直接或间接地都与性相关。不满意武大郎，用尽心机勾引武松和青睐西门庆是从性出发的；在西门家争风吃醋，争宠斗巧是从性出发的；与西门庆的女婿的交往和就身于毫无社会地位身份的粗人，也是从性出发的。作为大户人家的妾，主人在世的日子里，潘金莲并不聚敛钱财，整日里只思量着主人到自己的房里来；主人死后，两手空空，无钱无物，却仍念念于性的满足。在很大程度上，潘金莲的性饥渴是导致西门庆生理之死的重要原因。对李瓶儿来说，她从被动到主动地嫁给西门庆，性的满足所产生的巨大作用在小说里有细致的描写，西门庆魁伟的身段和床上的功夫使李瓶儿难以自已，使她强烈地厌弃前夫，只把一腔心思献给西门。那个春梅更是"独特"，死于不思茶饭、只想床笫之事的疾病。联系这三个人物的是风流潇洒的西门庆。在小说中随时有强调他"好生了得"的床上功夫之处，他的生活无处不与性有或大或小的关系，连"打通关节"，走"官场后门"也离不开。离了性，西门庆似乎也就没有了生活。每当他新获佳人，总不忘念叨一通今生今世没有白活之类的话语。性及于他，往往既是手段，也是目的，追求着性的充分表达。

《红楼梦》把对"在生"的体味建立在超越于"在生"的基础上，将生命流程置于"形而上"的观照之中，是以生的体验便具有了某种非实在性。其性的体验由此而罩上了"虚"与"幻"的色彩，思索性效果远远地超过了"触摸"性效果，性的感觉让位给了性的思辨，理智性的文字表达"淡化"了赤裸裸的感官之感受。《红楼梦》里的大观园，夸张一点说，除了石狮子之外都不干净。这不干净是与性联系在一道的。要在这不干净之地"写"得干净，自然得有超脱的观察点。《红楼梦》在这点上有明确的表述，比如主人公贾宝玉初试云雨之时，便有警幻仙姑作指引，这仙姑密授宝玉一种"唯心会而不可口传，可神通而不可语达"的"意淫"之技。意淫是属于非感官或超感官的，以此为基础或观点，才能如仙姑之说，把好色和云雨之欢作为"古今第一淫人"当为之事而进入美女的闺房。在构成大观园女子系列的中心人物林黛玉和薛宝钗身上，也充分体现着《红楼梦》的这一观照点。黛玉对宝玉，由性而生的爱却又时时抵御着性的诱惑；宝钗对宝玉，理智的驱使中不乏性的吸引。二者的态度，对于直接的性的体验都有某种超越性，使贾宝玉得以料定："原来天生人为万物之灵，凡山川日月之精秀，只钟于女儿，须眉男子不过是些渣滓浊沫而已。"但是渣滓浊沫中也不乏理想人物（比如贾宝玉），其主要原因就在于能将性之体验视为"当为之事"的同时又超越这"当为之事"。由此，小说于是把一些下流的言行（比如薛蟠的各种"高论"）处理得文绉绉的，表达出某种对性的戏谑的冷峻态度。

在现实思想的"背景"下，不难体会，在对人生体验的特有方式——性体验的态度上，《金瓶梅》是胶着，《红楼梦》是诚意。前者在性的感官体验中"写"性，后者则在思辨中"写"性。二者由此生出了不同的现实阅读效应。主要意向似为《金瓶梅》给人以粗俗感：毫不掩饰的文字让阅读者沉入感官刺激之中；流畅的、口语化的可读性叙述，则多有"下里巴人"风范；哲学角度上多形而下质素，有较强的感觉性表达。《红楼梦》给人以雅致感：精巧的文字让人进入美文的流连，有明显的"阳春白雪"趣味；哲学角度上多形而上质素，有较强的思辨性表达。由此，对性体验的表述，两部小说的阅读心理意向，《金瓶梅》导向"俗"，《红楼梦》导向"情"。置之于民族文化进行评判，"俗"应抑制，"情"当倡扬，因此，现实感极强的《金瓶梅》所包含的价值道德取向是有悖于已被中华民族认可的道德伦理规范的；所表现的是人生的负值（小说中不时发出的道德议论就是一种"说明"），是为民族文化心理意识所拒斥而不予接受的。《红楼梦》则因其超脱的态度，于现实中确立非现实的精神性恒定玄想而得到了注重天人合一的民族文化心理意识的普遍认同。

生命流程和生命体验是一条不可穷尽的长河，它的广泛性和深远性在每一个"时代"更在每一个"个体的人"之中呈现，其表达是千姿百态、千变万化的，然而其中也由于人的整体文化、历史和生命自身的统一而具有某种恒定不变的因素。对于"现时的人"，这种不变因素具有非同寻常的意义。人可以在许多方面发现和体验到这恒定的因素，而阅读小说不失为一个重要的途径。小说空间的生命含藉将给阅读的人们提供一个其他对象物难以提供的生命体验场所，把生命的丰富而复杂的启示留在人的精神之中。

以酒为载体的美学含蕴分析

一、酒与文

中国文化根底属农耕文化，用粮食酿造醇酒历史悠久，源远流长。在甲骨文中便有了"酉"（酉：古"酒"字）的记载。酒所具有的致醉功能使人进入一种独特的感觉世界，并由此而在历史的思想精神发展长河中形成了独具特色的文化现象——酒文化。由于与文学创作最重要的心境之一"迷狂"和想象、激情等因素相吻合、相联系，是以酒与文学结下了不解之缘，也为小说创作提供了精神动力。

在中国文学史上，酒文之缘的例证不胜枚举，著名的如李白"会须一饮三百杯"和"斗酒诗百篇"的酒文气度；曹操"对酒当歌，人生几何""何以解忧，唯有杜康"的酒文慨叹；而陶潜，则写出了"篇篇有酒"的意韵隽永之诗，言"悠悠迷所留，酒中有深味"。诗圣杜甫对此也"心有灵犀一点通"，叹曰："宽心应是酒，遣兴莫过诗。此意陶潜解，吾生后汝期。"酒诗、诗酒，酒与文难解难分，以此纵观中国古典文学、中国小说创作，在一定程度上、在相当范围内，真可谓"无酒不成诗"。

正如酒和酒文化对文学、小说创作产生影响一样，文学、小说对酒和酒文化的影响也是明显的。通过文学作品对饮酒方式，饮酒口味，饮酒风习的记叙，后世受到的影响是巨大的，在很大程度上，文学担负了酒文化的承传递代的历史任务，研究文学作品中的酒，可以说，既是一种文学的话题，更是一种很有延展性的文化研究。

因此，换一个角度看，要对中国古典文学与酒和酒文化的关联做更深入的理解的话，必得进一步对酒在促进中华民族成为"礼乐之邦"的漫长历史中"酒以成礼"与"酒以为乐"这两个重要内容以及对文学的关系做一些检讨（实质上，"酒以成礼"和"酒以为乐"乃中国酒文化的两大基石）。

《论语·泰伯篇》云："兴于诗，立于礼，成于乐。"这是中国礼乐文化的核心。《礼记·礼运》又说："夫礼之初，始诸饮食。"《左传·庄公二十二年》云："酒以成礼。"《汉书·食货志》引鲁匡语云："百礼之会，非酒不行。"可见酒礼之成由来已久；又从中国文化及许多其他世界文化中"祭必酒，酒必祭"的文化事实可以说明，无酒无以成礼。酒礼中的酒已被人为地赋予了一种社会文化含义，成为文化交往、交流、承传的一种"礼品"（礼酒、祭酒），只有受馈赠或受敬奉的对方把它还原为一种可以致醉的饮料而为"食礼之冠"的时候，酒才真正实现了它第一义和终极义的目的。这样，"酒之为乐"就成了酒文化的基础。礼，教之以理，敬之以物；乐，动之以情，配之以器。在中国古典词汇中，乐（音乐），乐（快乐）同字。礼乐之邦既是指灵与肉、理智与情感、欲望与节制相统一的国度，亦可标志法制与艺术、道德与诗学相融合的文化。礼与乐从来就是两相对应的一物之两面，须臾不可分离，而酒在其中的发生意义上的基础作用和推动作用也是形影相随。

在"酒以为乐"的层面上，饮酒必导致情感的放松，思想的活跃甚至迷狂的出现……其中，差异仅在程度深浅而已。迷狂或者说由醒而醉的状态使现实的人能够以非实在的虚幻心理去感受、体验，回味现实人生的酸甜苦辣，悲欢离合，"酒以甘苦为主，而醉者以喜怒为用"（嵇康《声无哀乐论》），在这一点上，酒可以与哲学介于情感与宗教之临界点上的特质相沟通。"哲学常常把自己转换成一种精神上淫媒的艺术。而且，常常是一种把悲愁止息成睡眠状态的麻醉剂"（乌纳穆诺《生命的悲剧意识》）。人类酒神意识的诞生，醉境的陶冶可以把人类意识的深层忧惧意识化入混然的忘我之境，对现实的生命流程（从生到死的过程）必会产生强烈的体悟和感慨，因此，酒对人类来说是一种悟性，其终极意义便是对生活的选择。

"酒以为乐"，其致醉功能的选择和表达，给文的发扬提供了一个重要契机并各具特色，体现在中国三部古典小说——《金瓶梅》《红楼梦》和《儒林外史》中，具有鲜明的可比性，从中可以窥见不同的人生观，不同的文化特质及各自在文化上的特征和特点。

二、饮酒的艺术表现

其一，《金瓶梅》是一部以明代为背景，涉及经济社会生活各方面的世情小说，精彩、细致带着自然主义倾向的描写，对世情的悲喜乖戾、社会的意识形态的表现和透视，达到了相当的高度和深度。其描写生活的核心，与酒密切相关，在很多时候是酒推动着情节发展。作品中写饮酒以调情卖相、打嘴犯牙、打情骂俏、淫欲纵色等等情欲宣泄为主导，酒将淫推至人生的舞台上。既表现人物各自的性格，反映明代世情、生活的实质与真相，也表现出作品虽然对纵欲深怀忧惧但却又抵挡不住内里的饮鸩解渴般的性审美倾向。小说的主人公西门庆勾引潘金莲，便是在一片"酒溦觞滟"的迷漫气氛中开始的。这种迷漫气氛笼罩着"金瓶梅世界"，酒促成并铸就了这个酒、色、欲、淫的世界。在这个醉眼朦胧的世界里，酒成了淫的前奏、媒介和有力的帮衬背景，甚至，直接就成了手段和工具，是一种人生、世情、生活的表达媒体。

比如，第十三回写西门庆与李瓶儿私通，狼狈为奸，"香醪"（酒）在此已然成了淫乐的工具与手段。因为酒中的乙醇（酒精）具有致醉功能，易致人于朦胧迷茫产生性审美倾向和性冲动，以达成性交合的目的。再如"金莲调婿"一回。"却说西门庆席上，见女婿陈经济设酒，吩咐潘金莲，连忙下来满斟一杯酒，笑嘻嘻递与经济……妇人一径身子把灯影着，左手执酒，刚待的经济用手来接，右手向他手背一捏。这经济一面把眼瞧着众人，一面在下戏把金莲小脚儿上踢了一下"（第二十四回）。一个"连忙"，暗示求之不得，如获至宝，一个"笑嘻嘻"，真是"穷耳目之好，极声色之欲"，而两个淫心荡漾的偷情男女，狼狈为奸，借递酒之机极尽调情卖相之能事。《金瓶梅》中西门庆一妻五妾，外兼宿娼包妓，淫乐无度，且处处饮酒，可谓"无酒不成淫"。书中这些描写，体现了世情小说的特色，也表现了酒文化中的"酒"在"金瓶梅世界"和现实生活中的一种特有功能和作用。

其二，《红楼梦》全书写酒宴七十多处，酒在贾、史、王、薛四大家族贵族生活的兴衰演变过程中起着极大的表现作用。《红楼梦》的饮酒全在一

"乐"字，表现出一种情调、雅趣，尤其是饮酒过程中多有花样百出的"酒令"，更增其雅趣之韵致。

酒令乃是一种独特的酒文化内容，富于诗意和情趣，包含着强烈的享乐主义倾向。这是通过诗意与酒精的碰撞，很好地体现着人的大脑与肠胃、心理与生理、情趣与食欲、情感与物质的奇妙结合。《红楼梦》中的酒令最有特色的是以语言文字为游戏的酒令，或射覆，或联句，或命题赋诗，或即兴笑话，不一而足，将文化娱乐及才情睿智融于聚饮的食文化之中，很好地表达了《礼记·乐记》所谓"酒食者，所以合欢也"的认识。比如小说第二十八回写了一个雅俗咸宜的酒宴，把酒与生活、文化、人物性格等因素胶着在一起，意韵悠长，贾宝玉、冯紫英、蒋玉函、薛蟠及歌伎云儿一起喝酒行令，宝玉、紫英先行了"雅令"，云儿则唱出富有挑逗性意味的性感曲；而"呆霸王"、大草包薛蟠也附庸风雅，咏出"女儿喜，洞房花烛朝慵起"的句子，唱出"一个蚊子哼哼哼，两个苍蝇嗡嗡嗡"的"哼哼韵"来——真是情趣纷呈。

再如小说第四十一回"贾宝玉品茶栊翠庵，刘姥姥醉卧怡红院"，写到众妇女老少各自行酒令饮酒，兴之所至，便请戏子演戏。"不一时，只听得箫管悠扬，笙笛并发；正值清风气爽之时，那乐声穿林渡水而来，自然使人神怡心旷。宝玉先禁不住，拿起壶来斟了一杯，一口饮尽，复又斟上，才要饮，只见王夫人也要，命人换暖酒，宝玉连忙将自己的杯捧了过来，送到王夫人口边，王夫人便就他手内吃了两口"。这里写到音乐与饮酒相互促进，引发性情的妙处，如此且酒且乐，因乐而酒，酒乐相生，很好地显出了红楼饮酒的别致情调，说明着"酒以为乐"之"乐"兼快乐与音乐二义的道理。并且，通过饮酒还把人世情爱，社交友谊，天伦之乐等世情表露得极自然、贴切、细腻和生动，其社会生活情味极浓。由此，似可得到这样一种认识：作为一种尽情的享乐，酒使生命中的情绪和情感自由地挥洒，把生活向畅快淋漓的感悟焦点凝聚，使人忘我地也就是具有相当审美意味地享受现时生活给予的一切。尤为深刻之处还在于，虽然其表面上颇具审美欣喜的气氛，但处于这一氛围中的主人公阶层内里的空虚和大厦将倾的意向却也包含其间，预示了四大家族的衰落。

其三，《儒林外史》用讽刺笔调写了一群知识分子的各种可笑行态，通过对这些人的生活的具体描写展开对"博学宏词"的封建科举制度的猛烈、辛辣的抨击。在这些封建知识分子的日常生活中，饮酒与清谈成为很重要的一种生活方式，借酒浇愁解忧是其饮酒的一个主要目的。

封建科举制度在其发展、演化的历史中，已经从举贤选士蜕变为一种功名富贵的晋升台阶，其腐臭的八股文取士方式，圣经贤传的出题范围，对个性思维发展和才情发挥有极大的限制作用，将封建知识分子赶向精神的死胡同。经过命运成败的多次折磨，这些知识分子渐渐形成了对待科举考试的种种意念和态度，极自然地影响着他们的具体日常生活，尤其是在饮酒清谈中表现得相当充分。比如第十七回"匡秀才重游旧地，赵医生高踞诗坛"就写到了景兰江邀支剑锋、浦墨卿饮酒，以"科举"为核心话题清谈的详细情景。

事实上，在文士醉心举业，八股文外百不经意的时代，知识分子对于功名富贵中毒甚深，病入膏肓，其因酒清谈，把酒问天，皆无不以科举、功名为热门话题，似乎除科场考试，功名富贵之外，人生已无重要内容。这种尚"虚"倾向如果一般地道来，便觉无趣，于酒酣耳热时顺口而论，则往往妙趣横生了。由此似可推见，饮酒清谈不仅是一种文学方式，更重要的是一种"当时的"生活方式，它至少可以让人获得一种"宣泄"的轻松。因此，《儒林外史》中，不仅醉心功名者大兴饮酒清谈，就是那些如闲斋老人所说的"终乃以辞却功名富贵，品地最上一层为中流砥柱"的杜慎卿等人，也同样地热衷于饮酒清谈。第二十九回乃例证之一。其间，"杜慎卿道：'我今日把这些俗品都捐了，只是江南鲥鱼、樱、笋下酒之物，与先生们挥尘清谈'"。通过对这些品行高尚的文士活动的描写，作品透出了一种肯定性心理意向，这些文士显然是要给那些热衷功名的士人立一个楷模，表达"以礼乐化俗""以德比人"的思想。

《儒林外史》中大量的"清谈"及与酒的关系，显示了酒在结构作品和揭示文士生活、心理等方面的重要作用。文士们在饮酒场中倾吐胸中块垒，畅谈人生遭际，以一种至少表面上看是轻松自如的态度品味人生、放松人生，对生活表示出一种带有"宣泄"性质的戏谑的态度。这对于文化来说，则是一种浅淡的自嘲，对社会历史未必有什么直接的重大作用，却于文化陶冶、社会思潮形成诸方面显示出不容忽视的力量。

其四，饮酒在《金瓶梅》《红楼梦》和《儒林外史》中不同的艺术表现说明，不同的时代环境，不同出身及地位的人，因其生活方式、价值取向的不同，他们饮酒所表现出来的文化含义也就有所区别。《金瓶梅》表现情欲，《红楼梦》表现雅致，《儒林外史》表现戏谑。尽管同是立足于"酒以为乐"的享乐主义原则，然其酒文化意义却具有种种不同意向，确实能激发起人们深究其底蕴的兴致。

三、酒文化意义的比较

古语云："民以食为天。"原始初民以向大自然奋争获取食物养生为首要目的，原始巫祝便是表达对生产、生活、围猎、丰收等活动的一种重要的精神愿望，是虔诚地祈福于"天"（超自然的力量）以求衣食保障的原始礼仪，可见衣食之乐乃人性之乐的初始。而食乐之中，就精神享乐而言，以酒为最，因此酒在原始巫祝中具有神圣功能，"祭必酒，酒必祭"，并就此铸成了中国酒文化的"原点"，也是"酒以为乐"的第一义及终极义。同时进一步演绎和分化出多种不同类型的"乐"的方式以及由此而导致的不同人生结局。中国酒文化的这一特征，在中国古典文学中，特别是古典小说中有极其明显的表现，而《金瓶梅》《红楼梦》和《儒林外史》最有代表性。

其一，"乐"的方式。

有"天下第一淫书"之称的《金瓶梅》，视酒为淫的附庸，酒乐是淫乐的铺垫和前奏，饮酒便是为了增强相互间的性审美意识和性冲动，以便在一派迷漫的气氛中进入淫欲的心境。因此书中凡有淫处必先饮酒，酒与淫简直就是一枚硬币的两面，形成了"金瓶梅世界"的饮酒之乐为"纵乐"或"淫乐"的特点，一种纯粹为了获取官能享乐和感官刺激的肉体之乐。

具有史诗性质的巨著《红楼梦》，在饮酒上演绎的是一种有趣的"吃的文化"，饮酒属该文化中一个极重要的内容。书中所体现的"酒以为乐"之"乐"，兼具身、心两方面快乐愉悦的含义，即身体因醇酒而变化，心理因环境及酒令、音乐和生理的变化等因素的促进而获得审美愉悦，心理上生出具有快感与美感相兼的醉感，其方式可以概括为集酒与才情于一体的"娱乐"。

讽刺经典作品《儒林外史》，刻画了一群封建文士的种种形象，饮酒时多带有"咬文嚼字"的倾向，或席间清谈，或分韵赋诗，内容多是清谈社会、人生、科场、名利等等。清谈必带上浓烈的个性色彩，或融入自己的身世际遇，或阐发自己的独到见解，总不免一己的褒贬好恶，喜怒哀乐。因为社会环境的压抑，其饮酒为乐之"乐"是为"苦乐"——酒乐之中饱含对人生苦涩的品味，而辛酸落第的科场冷遇又可在酒中暂时解脱；人生的苦闷在酒中即使不能消融，也可寻觅暂时的忘却和片刻的安慰。

其二，"乐"的结局。

《金瓶梅》纵乐的归宿显然只能是乐而夭天。古语有云："酒是穿肠毒药，色是刮骨利刀。"酒色一旦合为一体，更加速了生命的枯竭，促成早夭。

"金瓶梅世界"里一帮"皮肤滥淫之蠢物"只知纵欲淫乐，"酒—淫—夭"是其必然历程。第七十九回写西门庆纵欲致病，吴神仙诊断说："官人乃是酒色过度，肾水竭虚，是太极邪火聚于欲海，病在膏肓，难以治疗。"其医学道理一如《黄帝内经》云："若醉入房，汗出当风，则伤脾。"这淫乐纵欲的归宿，当是中国酒文化中极有特色的一笔，应引起研究者的足够重视。

《红楼梦》又名《石头记》，其故事主线由女娲氏炼石补天后余下而弃在"青埂峰下"的被茫茫大士渺渺真人携入红尘、引登彼岸的"石头"串缀。其空间氛围，则如梦如幻。那顽石，就是口含"通灵宝玉"降生的贾宝玉。这位家境优裕，万千宠爱集于一身的主人公在封建大家族内，由于各种原因，他茫然无所归宿，尽管饱食终日，却知音难遇，终于借酒唱出了心中之人生的苦闷心情"滴不尽相思血泪抛红豆，开不完春柳春花满画楼。睡不稳窗风窗雨黄昏后，忘不了新愁与旧愁。咽不下玉粒金波噎满喉，照不尽菱花镜里形容瘦。展不开的眉头，捱不明的更漏。呀！恰便似遮不住的青山隐隐，流不断的绿水悠悠"（第二十八回）。《红楼梦》"酒以为乐"的归宿于此透露了消息，是为"乐极生悲"。红楼家族在七十五回以后迅速中落，其乐极生悲之状笼罩了整个故事的发展进程。

与《金瓶梅》"乐而中夭"、《红楼梦》"乐极生悲"不同，《儒林外史》"苦乐"的饮酒方式已揭示其归宿：乐中藏悲。现实人生的失意，因酒的麻醉作用而获致某种形态，通过饮酒而麻痹苦闷的人生情绪、感觉及理性，消融社会现实的严酷。饮酒在这里既是个性的一种退避，也是心灵的一种自我安慰，落拓科场的文士具有浪漫灵气的才情志趣，受到僵死思想的严重约束，个性遭到沉重的压抑，此时似乎只有多多饮酒才能借酒浇愁以求内心紧张情绪的缓解。因此这饮酒之乐终归是"乐中藏悲"的，其乐愈显，其悲愈深。

四、生命哲学意味

以上对《金瓶梅》《红楼梦》和《儒林外史》"酒以为乐"的不同表现、态度、方式和结局做了比较，在酒醉的迷狂状态中，人们最终都在"酒以为乐"中对始生终死的个体生命流程产生强烈的体验。其体验中对生命的认知因不同的人、不同的历史和不同的文化而得出的结论或意向也是极其不同的。

其一，生命的体验。

对人类而言，生死律动时时刻刻在折磨着人们，唤起人类强烈的生命意识。怎么生，怎么死，何时生，何时死，对生与死的忧惧以及对"在生"状态的种种体验，都是个体生命流程所涉及的内容。尽管在人类强烈的生命意识中，个体显得是非常卑微、孱弱，可人类的心理层面对自然规律的反映却并非被动，在看待始生终死的生命流程问题上，求再生、求永恒的祈愿化作了一种锐不可当的心理动力，是一种生存抗争力量。但是现实人生不可能给每一个个体生命提供足够的历史与社会空间，于是酒神意识、精神诞生了。酒神铸就的醉境的陶醉，把人类意识的深层忧惧意念化，让人进入浑然忘我之境，生与死、醒与醉交织成一支雄浑恍然的人生交响曲，把个体的人"置"于始生终死这个生命流程的任何一个"点"上，显示其特别的文化哲学意义。

《金瓶梅》太注重感官愉悦的快乐、欢乐以至纵乐、淫乐，于醉境之中充分享受人生生命的风月云雨、男欢女爱，是以在对待个体生命流程时，"金瓶梅世界"里的人无不放纵自己，胶着于现世人生，贴近了

"当下体验"去观看人生、玩味人生。把一切的爱、欲、情与"生"黏合在一起，似乎"死"不在他们的思维范围之内。将这种近乎迷狂的体验"生"的情状融于个体生命之中，并于"在生"之点来体察生命之流程，无疑令人难以有真正"生"之层面的洒脱，难以让人真正从审美的角度去观赏千种人情、万般景致，它显然是一种缺陷甚大的人生生命体验方式，并特别地不为中国占统治地位的文化形态所容纳。

《红楼梦》则相当虚幻空灵，极写饮酒之娱乐，将才情志趣，个性化的因素与酒宴联结得天衣无缝。在对待个体生命流程上显示出明显的超越性和非实在性。贾宝玉的空幻思想，严重的失落感、孤独感能很好地说明这个问题。在一片酒乐之中，他与众姊妹相处得如漆似胶，趣味横生。但是，无论是对黛玉的偏爱还是对众姊妹的博爱都不能使他真正自救于孤寂落寞之中。对于生命存在的无可依傍的焦虑始终浮动在他的心灵之中，他早熟地领悟到世界的非实在性和生命存在的虚幻性，从乐极之中生悲。他的痛苦之源无疑来自对生命流程的深层忧惧，他试图处于"在生"来对"生"进行反思与控制，以达到较高的精神境界，却由于无法超越"自身"而深深地陷入新的苦痛之中。因此在饮酒娱乐的表象背后，是对生命流程的一种超越性"介入"的意识。将生命流程的精神情感的体验延展到"现时"之外，让人感悟到生命的真正意义和价值可能在生命的终点处，"死"才是真正的"生"。宝玉幻灭后走向荒漠，归彼大荒，逃离红尘，走向"极乐界"，与小说的缘起恰好形成一个轮回，其环形结构描述着"生便是死，死便是生"的思想，印证了对生命的红楼式体验。

《儒林外史》在始生终死的问题上并不太注重开端与结束，而更多地看重过程，注重生命流程的曲折前进和螺旋式回环上升的变化。文士们从各个不同角度对现世"在生"做出了极具个性色彩的反思和品味，其间，特别注重对"生"的酸甜苦辣、悲欢离合、进退成败的体味和反刍。与《金瓶梅》之放纵，享受"在生"之"生"及拒绝思考"死"极其不同，《儒林外史》非常节制"生"而有意回避"死"。对于"生"的谨慎，可以看出中国知识分子性格的脆弱性以及对"礼"的潜文化意识心理的敬畏，所谓"非礼勿视，非礼勿听，非礼勿言，非礼勿动"是也。

就此意义而言，《儒林外史》比《金瓶梅》和《红楼梦》更具生命的现世触动力，与社会政治、法律法规、经济文化等形态联系得更为紧密，使其成为了中国文学宝库里最好的一部"现世"讽喻之作。

其二，哲学的意味。

《金瓶梅》从"在生"中观察和体验"生"的生命流程，将"生"的体验处处落于实在之地，给人以强烈的感官刺激，其饮酒多以直接的身体生理体验为主，是以哲学意味上有较重的形而下质素。

《红楼梦》欲超越于"在生"之"生"，将"生"与"死"扭结于环回状结构之中，出之于"混沌"而归于"混沌"，其哲学意味多形而上质素，具有某种非实在性、虚幻性和极强的思辨色彩。它提供了一种人类精神上延伸的可能性，使其内在魅力雄踞于中国古典小说艺术哲学含蕴之冠。

《儒林外史》在形而上具有一种对生死之终极意义的逃避意向。其开卷诗曰："功名富贵无凭据，费尽心情，总把流光误。浊酒三杯沉醉去，水流花谢知何处。"结尾时也有一诗："无聊且酌霞觞，唤几个新知醉一场。共百年易过，底须愁闷；千秋事大，也费思量。"这与魏晋文士饮酒是为了"遗落世事"相反，《儒林外史》之文士们饮酒是"为世事所遗落"，他们调侃、戏谑人生于酒中，并由此营造了作品哲学意味的基调，构成了一种深刻的生命自嘲和对"生"的无可奈何的审视。

　　以上，将酒与文的不解之缘作为论述的切入点，对《金瓶梅》《红楼梦》和《儒林外史》中饮酒的艺术表现做了基于酒文化思考的比较，认为在"酒以为乐"的酒文化层面上，三著都有相当充分的艺术描述，揭示了中国酒文化在中国文学中的某些特有表现形态。酒文化的醉感文化实质使其与人类哲学意识相通。在对待始生终死的个体生命流程上，三著表达了不同的生命哲学意味，揭示了中国文化背景下不同历史时期、不同阶层的个体的"此在"的人所具有的不同心态，尤其是文士知识分子的特殊心态。这也说明，酒、酒文化与小说创作、小说空间的构成关系密切，并有互动生发之效应，确实颇值玩味。

雪泥鸿爪话书房

书房乃读书之地，许多书都是老朋友，每本书里都有许多灵魂在对话，进入书房，就进入了思想的海洋。

为什么要读书？孟子曰："饱食暖衣，逸居而无教，则近于禽兽。"人有其"心"，读书则别于禽兽也。读书为了什么？在于明理。明什么理？做事之理，做人之理，人生之理，自然宇宙之理也。

读至于何？庄子有断："吾生也有涯，而知也无涯。"人们读书何异以"有涯"触"无涯"？！西方的约伯窥见"人对于整个世界宇宙认识的无知"，为上帝所激赏。岂不死结？不然，从个人的有涯到人类生命连续的无涯，从个人的无知到人类的有知，追问存在之意义和价值，读书之意大焉。形而下之则书中自有黄金屋、千钟粟、颜如玉也。呜呼!

　　海不辞水，故能成其大；山不辞土，故能成其高。各方各类，吸收积累，永不止息，得其成就。环视书房，醒目的是邓榕女士签名的《我的父亲邓小平"文革"岁月》，这类红色经典有相当藏量，使我感知思想之深邃、人格之圣洁、正气之凛然、坚守之崇高、创新之伟大；凸显的是李庆滑博士送与的《国家竞争优势》，这经济方面的书籍，让我深感责任之沉重、事业之重大、探索之艰辛；耀眼的是傅佩荣先生签名亲赠的《国学的天空》，这哲学、文化类书籍，让我品味历史沧桑之悠久、宇宙世界之浩瀚、人世生活之斑斓及民族文化之源、之流，实为所有人之所以为其人之根也。

　　徜徉书海，手握我的导师《徐中玉文论自选集》，读先生十年前之作《今天我们还能从〈论语〉择取到哪些教益》。教益者，有学有传，经世致用，社会、历史、文化、生命、人生、生活，真正大书也。先生依《红楼梦》语，择要而言"世事洞明皆学问，人情练达即文章"。个中滋味，犹喜龙永图先生序《痕迹的颜色》："得其常心，大爱神会。"善甚。

书房，读书，印刷之书、电子之书，更有生活之书、实践之书。人类、历史的重责，谁负？知之者不如好之者，好之者不如乐之者。与诸君共勉。

读书如登山

深秋登黔灵山"瞰筑亭"，天高云淡，凉风习习，眼底尽收筑城美景，顿然觉"山高人为峰"，慨叹孔夫子"登泰山而小天下"。由是想到"书山有路勤为径，学海无涯苦作舟"。读书岂不如登山？山脚、山腰、山顶风景各异，须千里之行始于足下，持"登山必绝顶"的毅力，以饱览"无限风光"。

读书之初，如登山上路，"空山不见人，但闻人语响"（王维）。我是七七级，上大学第一堂写作课，姜澄清老师就出题"书"。从"书籍是人类进步的阶梯"（高尔基），到"书籍是人类知识的总结，书籍是全世界的营养品"（莎士比亚）；从"发奋识遍天下字，立志读尽人间书"（苏东坡），到"鸟欲高飞先振翅，人求上进先读书"（李苦禅），自此，对读书的认识上升到理性阶段。正如前往名山大川的激动与诱惑，读书的理念深深刻在了脑海里，伴随着学习、工作和生活，凭兴趣读书转向了自觉读书。

品味书籍，如登山途中，"采菊东篱下，悠然见南山"（陶渊明）。时而平缓、时而陡峭，有时驻足观望、有时边走边想；时而舒缓、时而峻急，有时沉思默想、有时豁然开朗，这是登山品书的节奏和乐趣。读不同的书，就如登不同的山——童谣里纯真的生活气息，诗词里万事万物的生动情感，武侠作品想象力的拓展，言情小说里的柔肠百结，科普读物的启人心智，历史演义的波澜壮阔，神算巫筮的千奇百怪……洋洋大观，充塞于目、不绝于耳，仿佛与先贤哲人对话，越数千年时空交流，不由叹息古人为何教诲后进以"书中自有黄金屋，书中自有颜如玉"。有一点可以肯定，书乃人类文化传承的载体、人类文明延绵的基石。

领悟书籍，如登山顶峰，"会当凌绝顶，一览众山小"（杜甫）。随着读书进程，对事物的认识和理解随之深入。古今多少事，尽在登高望远的心灵观照之中，却也是读书"润物细无声"的沉淀，于潜移默化、不知不觉中提升，"天空没有翅膀的痕迹，而鸟已飞过"（泰戈尔）。读懂一本书，就像攻下一座山，鲁迅的"投枪匕首"，叔本华"铺满炽热火炭的环行跑道"，萨特的"他人即地狱"，马克思的"解剖刀"，毛泽东的"还看今朝"……林林总总，幕天席地，峰回路转之中而不解其意则如登山半途而废，更是有"山重水复疑无路"的疑惑，不懈坚持终会"柳暗花明又一村"，领略"风光无限在险峰"。

融入书籍，如登山归途，"明月出天山，苍茫云海间"（李白）。蓦然回首，书还在灯火阑珊处，内容却已驻心间。文以载道，以文化人。"读书，是读做人、读大气"（康渝生），读基本的道德规范、读人类文明的密码，"成为一个有温度懂情趣会思考的人"（杨绛）。阅历多了，"横看成岭侧成峰"，却也能察古知今、明辨事理，不为浮云遮望眼，不以物喜，不以己悲，在优秀文化传统中如鱼得水，于是可以把《易》归结到"上、止、正"，奋斗勤勉、适度得体、顶天立地；于是可以用儒家、道家、佛家的典籍为释疑解惑"人与人、人与自然、人与心灵"的关系；于是可以将人类精神来一个贯通，补足精神之

"钙"、祛除行为之"垢"、筑牢思想之"魂",浩浩然扬君子之风,卓卓然做有识之士。

世上没有登不尽的山,只有读不完的书。书中有你不知道的知识,有你不了解的世界,有你要追寻的梦想……找一本好书,畅游在文字的山谷沟壑间,穿越层峦叠嶂,更于平凡之中见真知、日常之中见深奥,用心体悟世纪老人徐中玉先生最钟爱的句子"世事洞明皆学问,人情练达即文章"(《红楼梦》),以之延伸人生长度,拓展人生宽度,增加人生厚度,实现人生价值!

读书如淘金

网上淘宝，对我等菜鸟，是回新鲜事。先是注册账户，接着绑定账号，既是下单，又是付账，既要千挑万选，还要货比三家，真是手忙脚乱，但大浪淘沙始到金，真能淘到真"宝贝"。由此想到淘金，既需要吃得苦、又需要耐得劳，还需要做得细——淘宝、淘金不也正如读书？

读书如淘金，首在"勤"。正所谓"日照澄洲江雾开，淘金女伴满江隈"。古人早有"书山有路勤为径，学海无涯苦作舟""板凳宁坐十年冷，文章不写一句空"的勤学笃言。中华民族有着悠久的读书、爱书优良传统，至今仍流传着不少勤学苦读的训例：孔子喜《易》而"韦编三绝"，《孟母三迁》择邻、孙敬头悬梁、苏秦锥刺股、匡衡凿壁偷光、车胤囊萤光、孙康映雪、朱买臣负薪、李密挂角等等读书典故，实为千古美谈。道不远人，寻者自见。"操千曲而后晓声，观千剑而后识器"。"唯有准备充分的演说者，才配有自信的资格"（林肯）。可见，唯有勤读、多读、读多，才可能读有所成，也才配读书人的称号。

读书如淘金，贵在"恒"。正所谓"千淘万漉虽辛苦，吹尽狂沙始到金"。读书不难，难的是长期坚持。古人云："贵有恒，何必三更起五更眠；最无益，只怕一日曝十日寒。"古语也说："凡读书做事，皆当有恒。若此书未了，又读他书；此事未成，又作他事，必劳而无功。"切忌为功名搞"一锤子买卖"，要知"贪图功名是思想的死亡"（维特根斯坦）。古今中外成大事者，无不有着长期苦读钻研的经历：司马迁十八载撰《史记》，李时珍二十七年写《本草纲目》，达尔文花二十年完成《物种起源》，马克思用了四十年才有《资本论》。合抱之木，生于毫末；九层之台，起于垒土；千里之行，始于足下。要把读书融入工作、融入生活，自觉摆脱"俗务之扰"，每天挤出一定的时间读书，并善于把各种零碎时间利用起

来，锲而不舍、持之以恒，成就"积跬步至千里，汇
小流成江海"。

读书如淘金，重在"精"。正所谓"璞去瑕疵
见玉泽，黄沙淘尽始得金"。读书要有所甄别、有所
选鉴，就如吃饭，善食者长精神，不善食者生痰瘤。
读书是需认真选择的，尤其在信息爆炸泛滥、书籍层
出不穷的时代。有些书"金玉其外，败絮其中"，更
要善于做出选择。一个要紧之处在于，用人类追求
"真善美"的目标，去"怀疑"你面对的浩如烟海的
书籍。"不怀疑不是很疯狂吗？在我看来，是怀疑让
人成其为人，没有怀疑的话，哪怕是正义也会失控，
不仅是对现实的失控，也是对人性的失控"（蒂尔
达·斯文顿）。读书要读其精粹、领会要义，去粗取
精、去伪存真。读好书如与君子对话，读坏书似与小
人交往。读书益精，由精而博，在"读万卷书，行千
里路"中收获精神的果实。

读书如淘金，赢在"悟"。正所谓"双金百炼少
人知，纵我知君徒尔为"。古人云："人静而后安，
安而能后定，定而能后慧，慧而能后悟，悟而能后
得。"读书须明白道理。做人有做人之理，读书有读

书之道，读书就要悟书，于领悟、感悟和觉悟中，将"书"转化为追求人生理想、实现人生价值的动力。

读书须明辨是非。孔子说"学而不思则罔"，仅仅把书读了是不够的，如果不求甚解，不去探究精髓，食而不知其味，即使书读得再多，也往往事倍功半，多思才能善用，融会才能贯通。叶秀山先生说："哲学无他，学以致思也。上智者小学而大思，下智者大学而小思。得乎其中者，以学养思。唯不学不思者不治。余从中庸之材，入哲学大园，读书不敢懈怠，若有所思，不亦乐乎。"在读书中增长智慧、完善自我，在读书中甄别真与假、善与恶、美与丑，从而获取智慧，实现认知上的飞跃。

读书是一个动态的过程，只有起点没有终点。从一定意义上说，一个民族的精神发育史，就是一个民族的阅读史。"只有通过历史，一个民族才能完全意识到自己"（叔本华）。一个生活在"当下"的人，也只有通过读书，才能够"认知"自己。读书的过程就是塑造人格的过程，拿出淘金劲头，多读书、勤思考、善运用，淘得"真金"。真金才不怕火炼。

读书与品酒

　　"第二十四届全国图书交易博览会"圆满闭幕，"第四届中国（贵州）国际酒类博览会"将华丽亮相。书可"博会"，酒可"博会"，书与酒岂不更可"博会"？书是知识载体，酒乃通神之物。二者在人类智慧的天空中牵手，表演百看不厌的双人舞。

　　读好书如品佳酿，"酒逢知己饮，诗向会人吟"（普济）。好书是有风格的，粗犷或是细腻、含蓄或是奔放、夸张或是朴实；好酒是有质感的，浓烈或是清淡、醇香或是甘洌。好书发人深省，给人一个思想新天地；好酒回味无穷，送人一个感觉新体悟。好书总是意犹未尽，掩卷犹能常思；好酒总是酒香留杯，宴罢尚且回味。捧起一本好书，就如端起一壶美酒，细细品之，让人心旷神怡、神清气爽。而读滥书则如饮劣酒，拿着一本滥书，就像端着一杯劣质假酒。书滥扰人心智，使人误入歧途；酒劣坏人脾胃，使人百病缠身。

书一定要好书，酒一定要佳酿。南宋时朱熹说过："人读书，如人饮酒相似，若是爱饮酒之人，一盏了，又要一盏吃，若不爱吃，勉强一盏便休。"故读书饮酒，最是勉强不得。一旦勉强了，既无滋味更无乐趣。最可怜当下为应试而读书的莘莘学子，被动地强迫地穿行于字里行间，悲乎！因此，"好"是根本的标准，丰富多彩是本然选择。读不同的书，如品各异的酒。书有千姿，如散文、诗歌、小说、历史、文艺、哲学不一而足；酒有百态，如白酒、红酒、啤酒、浓香、酱香、清香莫衷一是。散文就像一壶泸州老窖，纯朴自然，收放之间形散神不散；诗歌就像一杯青稞酒，清泠毓秀，入口绵甜，满满是想象的滋味；小说就像五粮液，采生活五谷之精华，聚历史日月于坛中，真作假时假亦真；杂文就像是农家苞谷烧，入口糙辣凌厉，呛喉辣舌却是大呼过瘾。细读《论语》，就如呷一口孔府家酒，品味儒雅精髓；浏览《简·爱》，即如品一杯波尔多红酒，享受浪漫色彩；观赏《长征风云》，恰如抿一口茅台酱香，感慨峥嵘岁月。

心中若有桃花源，何处不是水云间。借酒可浇愁，读书可爽心。酒一醉方休，书一睹为快。"酒酣耳热说文章，惊倒邻墙，推倒胡床"（刘克庄）。饮酒品出的是人生的滋味，读书收获的是生活的真理。可以想象：得一好书，秉夜烛，酌小酒，或一目十行，或字斟句酌，忆古思今跨越时空，神游离于宇宙空渺，实乃读者之大悠哉！得陈年佳酿，邀二三知己，备几碟菜肴，或树荫下小酌，或夕阳中痛饮，谈天说地纵横四海，驰骋于千里之外，实乃饮者之大快哉！

书读经典、酒饮醇酿，"酒肠宽似海，诗胆大于天"（刘叉）。古人所言："一生勤苦书千卷，万事消磨酒十分。""无酒御寒虽寡况，有书供读且资身。"应是中国历史上读书人的一个生动写照。文学艺术创作中，趁酒兴而成传世佳作者，古今中外俯拾皆是。昔日盛传李白斗酒诗百篇，当今争说古龙醉酒书武侠。于是看到诗人笔下"醉里从为客，诗成觉有神"（杜甫），"俯仰各有志，得酒诗自成"（苏轼），"腹中书万卷，身外酒千杯"（杜牧）。于是不免慨叹："古来圣贤皆寂寞，惟有饮者留其名。"

　　其实，书香酒香，蕴藉着人类那诗意的本质，助推人类灵魂永远期求着的升华。听智者的声音，感精神的追求，维系着人类最美的文化和精神。何不在休息之日、闲暇之际，执卷好书细细读，举杯美酒慢慢品，将书的丰厚、书的魅力、书的博大放到浅斟慢酌中，在酒的醇香、酒的底蕴中，读得酣畅淋漓，品得淋漓透彻。由此感言：书博会、酒博会，比翼而齐飞之！

读书如品茶

俗话说，开门七件事，"柴米油盐酱醋茶"。这是人类饮食的基本要素，尤其第一件事，柴——"火"的使用对人类进化具有决定性作用。茶列第七，于饮食并不是必须，却是对前六件事的一个转折，以其助清谈、发娱悦的功效，被认为是"扭转乾坤"之物，甚而"千秋大业一壶茶"。品茶含藉人生哲理，更寓意读书人的一种心路历程。

好书如佳茗，其味无穷。"好茶必有苦味"，林语堂先生如是说。故而读书一如茶之初，从"苦"开始。要知，不是每一片叶子都能成为"茶"，骄阳中发芽，雨雾中生长，采摘的痛楚，还要烈焰焙制，开水冲泡，终将是历经重重苦，飘逸阵阵香。历代先贤明达成好书者，若非寒毡坐破、铁砚磨穿，怎能笔扫千军、舌战群儒；若非万卷读破、煮子疗饥，何来笔惊风雨、诗泣鬼神；若非"衣带渐宽终不悔"的毅力、"三更灯火五更鸡"的勤勉、"焚膏油以继晷，恒兀兀以穷年"的顽强，岂可苦尽而甘来，成就哺育千年民族精神的"经史子集"。《国风》云："谁谓荼苦，其甘如荠。"

读书如品茶，心洁为本。一片茶叶是不求世间名誉的，本是一片清净之心，不求功德、不求福报，唯奉献芬香和纯爽。一壶好茶，是每一片茶叶共同创造的净土。"性洁不可污，为饮涤尘烦"（韦应物）。只要心灵纯净，哪里都是天堂。净化心灵需要汲取智慧，汲取智慧首选读书。历史潮流到了今天，已是还"一片纯洁文化净土"的时候了，"闭门即是深山，读书随处净土"，让人们能够以良好的心境阅读，让自然"茶香"伴着自由"书香"扑面而来，直抵心灵、浸润灵魂，领悟好茶、好书的精妙。

读书如品茶，清醒为性。品茶是品茶人心的回归、心的歇息、心的享受、心的澡雪。"流华净肌骨，疏瀹涤心源"（颜真卿）。"赏君此茶祛我疾，使人胸中荡忧栗"（皎然）。著有《茶可道》的作家潘向黎说：“人有时候的状态像湖面，宁静的时候你觉得活着很好，对人也友善，你所说所做一言一行也容易得体。宁静那么好，但是并不是随时随地获得的，我们有时候需要一个帘子。饮茶也好，读古诗也好，我们可以把它们当成日常生活中的两道帘子。”茶，清香扑鼻，提神醒脑；书，墨香轻飘，益智明理。饮茶的功夫，使人神骨俱清，读书的趣味，则把我们浮躁、浅薄的灵魂带入沉思、反省的心境中去，在有思想的文字中峰回路转，胸次清洒。品茶读书将祛除人生浮躁与寻求知识清澈，达到高度和谐的统一。

读书如品茶，会境为道。茶就是一杯水，给你的却是想象，你想什么，什么就是你，是谓心即茶，茶即心。“云天倘许同忧国，粤海难忘共品茶”（柳亚子）。“道法自然，道道相通”，茶道融书道，饮茶全身通泰飘然如仙是茶道，读书全心舒畅视界澄明是书道。在读书品茗中，由内蕴心生，兴而超然，至齐平万物，牵情化景，再至月印万川，意境深远。读书一目十行，走马观花如茶一境；诵读略知其义，嚼头十足如茶二境；反复品读彻悟其理，訇然中开如茶三境。"吾生也有涯，而知也无涯"，力为之用、心为之倾、情为之凝，神往于"御风而行，泠然善也"的忘我之境。

一杯茶是一个宇宙，一本书是一个世界。茶等的是一个懂她的人，人等的是一杯倾心的茶；书等的是一个读她的人，人等的是一本销魂的书。日月辉映，江河长流。品佳茗，读好书，面对世界的窗口于斯洞开。嗟呼，一缕茶香，一瓣书香，夫复何求？

在读书中绽放生命之花

习近平总书记在接受俄罗斯电视台专访时指出，"读书可以让人保持思想活力，让人得到智慧启发，让人滋养浩然之气"。书籍是精神文化消费品，哺育着人类的精神生命。我们用"世界读书日"来提醒，用"倡导全民阅读，建设书香社会"来推动，让人类生命的内涵蓬勃起来。读书之于生命，就如同树根之于枝叶、源泉之于河流、基础之于大厦、血脉之于躯体，根萎则枝枯、源竭则流涸、基弱则厦危、血羸则体弱。妙哉，莎士比亚说：书是全世界的营养品。

读书是生命无法停止的脚步，是人生价值的营养剂。"书籍是人类进步的阶梯"（高尔基），读一本好书，就是与一位高尚的人在谈话，"其智慧光芒穿透历史，思想价值跨越时空"（歌德）。我国自古承传"数百年旧家无非积德，第一件好事还是读书"，尤其不厌其烦宣扬"书中自有颜如玉，书中自有黄金屋"及"万般皆下品，唯有读书高"之说，不忌直截了当地功利化引导，实可见古之圣贤为坚持读书的价值和意义敷衍"糖衣"，用心可谓良苦。古今中外、五湖四海，多少贤人志士读书的爱好无不如痴如醉，甚至嗜书如命，孙中山、毛泽东都是爱读书的顶尖榜样。清朝萧抡谓深悟："一日不读书，胸臆无佳想。"书中优美的文辞、隽永的文意、深邃的文境，为人们提供了体会人生意义、体验生活情趣、体现生命价值的营养，使阅读成为灵魂的时尚。

读书是生命自由翱翔的翅膀，是人生意义的多彩云。现今我们所处的时代通信发达、信息灵便，互联网、大数据、云计算等为人们提供了纵横开阔的读书空间和平台。世界那么大，都想去看看。胸中若无万卷书的思想背囊，行遍万里路也只是个脚夫。"读书，得以开茅塞，除鄙见，得新知，增学问，广识见，养性灵"（林语堂《论读书》）。通过读书，我们可以思接千古，与智者交谈、与伟人沟通、与高人对话，在对话中，本性美好的精神得以提显、精神傲岸的风骨得以锻铸、繁复浮华的功利得以涤荡、宠辱不惊的胸怀得以彰著。军事家的决胜千里、政治家的纵横捭阖、哲学家的独具慧眼、数学家的一丝不苟、科学家的聪明才智，一切尽在其中。读书有益于人生长度，更可以拓展人生宽度；读书不可能改变人生的起点，却可以改变人生的终点。没有书籍、不读书，人类生命历程必将枯萎无色、黯淡无光、毫无生机。

读书是生命存在壮大的大前提，是塑造人类精神气质的大摇篮。社会历史炼狱般的生活火焰，文字成为生命的写照，书籍被赋予鲜活的灵魂。阅读能力越强，文化软实力也就越强。读书纵横万里、超越时空，与生命融汇，挑战想象力，再造审美力，在心灵的王国中一睹古今中外逝去的名人、伟人的智慧、风采和丰富而伟大的灵魂。培根的《论读书》中写道："读史使人明智，读诗使人聪慧，演算使人精密，哲理使人深刻，伦理使人有修养，逻辑修辞使人善辩……"代代相传的读书，构建了人们的精神故乡。由此，读书产生信仰，知识生成力量，"这力量，可以让世界瓦解"（傅月庵）。"我们的事业就是学习再学习，努力积累更多的知识，因为有了知识，社会就会有长足的进步，人类的未来幸福就在于此"（契诃夫）。"书犹药也，善读之可以医愚"（刘向）。在品读社会中自强，在品味历史中自立，在品鉴文化中自信，在巨人的肩膀上看得更远、想得更深，在书籍的高台上攀得更高、走得更长。

朋友们，一起来读书吧！腹有诗书气自华。"让读书陶冶我们的性情，纯化我们的心灵"（严歌苓）。无论你是年老或是年轻、贫穷或是富有、疾病或是健康，都挤一点时间给读书，留一点空闲给阅读，用语言的钉子钉牢思想大地，用文字的钻石闪耀智慧天空，在读书中对万象世界、由来历史和无尽未来获得信仰的润泽，充实我们的生活、充盈我们的心灵、充裕我们的精神，让人类的生命在读书中绽放绚丽之花。

文化的力量

　　习近平总书记指出，"文化是民族生存和发展的重要力量。""一个国家综合实力最核心的还是文化软实力。"文化建设是国家战略，做大做强文化，对地方经济社会发展有着强大的激发力和支撑力。全力打造多彩贵州民族特色文化强省，是功在当代、利在千秋的重大战略决策，抓住了贵州文化特点、凸显了贵州文化优势、顺应了时代进步要求，对贵州长远发展、可持续发展可谓意义重大、影响深远。

　　文化是民族精神的火炬、人民奋进的号角，在潜移默化中释放着巨大而无穷的力量，运巨变于无形。从苏格拉底、柏拉图的古希腊哲学到但丁、莎士比亚的文艺复兴，从先秦诸子的文化典籍到马克思主义指导下的中国特色社会主义实践，文化的力量总是"润物细无声"地融入经济力量、政治力量、社会力量之中，以其无微不至的渗透力和雄强宏阔的整合力，成为经济发展的"助推器"、政治文明的"导航灯"、社会和谐的"黏合剂"。忽视了文化的力量，前进的方向就容易偏航、发展的势头就容易受阻。

文化的力量蕴藏于中华优秀传统文化的沃土之中。中华文化源远流长，积淀着中华民族最深层的精神追求，包含着中华民族最根本的精神基因，代表着中华民族独特的精神标识，是中华民族生生不息、发展壮大的丰厚滋养，是我们最深厚的文化软实力。不忘历史才能开辟未来，善于继承才能善于创新，如果丢掉了传统文化，就等于割断了精神命脉、丧失了动力源泉。由此，激发文化的力量，打造多彩贵州民族特色文化强省，应始终瞄准中华优秀传统文化这个根源，使中华民族最基本的文化基因与当代文化相适应、与现代社会相协调、与多彩贵州相融合。在此基础上，立足于对当代贵州人文精神的深入研究，围绕践行社会主义核心价值观，做好"天人合一、知行合一"的大文章，不断做"强"红色文化、做"亮"民族文化、做"优"山地文化、做"厚"传统文化，形成富有传统文化底蕴的多彩贵州文化，以此构筑"精神高地"、冲出"经济洼地"。

根植于人民，文化的力量才会有蓬勃的生命力。人民是文化的源头活水，一旦离开人民，文化就会变成无根的浮萍、无病的呻吟、无魂的躯壳。根植人民是促进文化繁荣的必由之路，只有向生活要素材、从生活中找灵感，才能使文化像补钙一样强基固本。文化也只有接上地气对上老百姓脾气，才能增人气添活力，才能引起民众共鸣，凝聚起实现"中国梦"的强大推动力。激发文化的力量，应多一点家常味、多一点泥土气，让热爱文化、喜爱文艺的广大普通百姓有机会进行群众文化创作，切实地让群众参与进来、融入进来。应推出更多来自基层、一线的先进典型，讲好贵州故事，更好地传播贵州声音，让一切文化创造源泉充分涌流，让全民族文化创造活力持续进发。

与时俱进，文化的力量才不会枯竭。文化不是僵化的、一成不变的，它随着社会的发展而发展，只有使继承和发展、传统和现代相结合，文化才具有感染力，才会在传承中发展，在发展中创新，生生不息，兴旺发达。激发文化的力量，打造多彩贵州民族特色文化强省，必须注重与时俱进、推陈出新。在内容上，突出复兴而不是复古，推动传统文化、外来文化、民族文化创造性转化、创新性发展，让文化的天梯沿着云蒸霞蔚的峰峦攀缘上升。在传播上，注重推动传统媒体和新兴媒体融合发展，强化互联网思维，多在"微"字上做文章，使互联网成为打造多彩贵州民族特色文化强省的新引擎，传播多彩贵州民族特色文化的新载体，让文化传播从根到叶、从源到流，汇聚成滔滔洪流释放强劲的文化力量。

文化的力量，是一个民族的重量，一个国家的分量，一个社会的体量。创造伟大的事业，敲响激越的鼓点，迈上铿锵的征程，都需要文化的力量来构筑诗意栖居的精神家园，让其感国运之变化、立时代之潮头、发时代之先声，为亿万人民、为伟大祖国、为多彩贵州鼓与呼。

贵州山地文化刍议

如果说经济代表了一个地方"硬实力"的话，那么文化就代表了"软实力"。"软实力"不软，"硬实力"才更强。加强文化建设很重要，有时比经济还值钱。从发展阶段地理文化来看，农耕文明时代平原最值钱；工业文明时代沿海最值钱；现在到了生态文明时代，山岳最值钱。因此，着力做山地文化，对于时代、特别是对于把方向目标瞄准多彩贵州民族特色文化强省的贵州，具有重大的历史和现实意义。

贵州之贵在山地、贵州之美在山地、贵州之特在山地，山地是多彩贵州最美的风景，也是贵州人民最美的乡愁。贵州是山的王国，因山而名、因山而特、因山而灵。唐代诗人孟郊留下了"旧说天下山，半在黔中青"的美妙诗句。明代大儒王阳明也盛赞"天下山水之秀聚于黔中",称"天下之山,萃于云贵;连亘万里,际天无极"。"靠山吃山"的贵州人在陡峭的大山中孕育和发展了独特的山地文化,至少四个方面是比较特有的。

一是具有全域的多样性。贵州是典型的喀斯特地形地貌,全省92.5%的国土面积为山地和丘陵。境内山峦起伏,绵延纵横,大娄山横亘于北,乌蒙山阻断于西,武陵山绵延于东北,苗岭纵横于中南,万峰林"磅礴千里、西南形胜",梵净山梵天净土、雄奇纯净,大娄山"苍山如海、残阳如血",构成了"八山一水一分田"的山地格局,有"十里不同风,百里不同俗,一山有四季,十里不同天"之说。

二是具有厚重的历史性。千百年来,贵州各族先民依山就势建家园、逐水而居求生活,山地环境孕育了观音洞文化、夜郎文化、土司文化、屯堡文化、沙滩文化、奇石文化等传统特色文化,形成了天人合一、道法自然的山地文明。生活在山里的贵州人,无论是语言歌舞、节庆习俗,还是衣着服饰、建筑风格,都浸润着独特的山地文化。

三是具有独特的孤岛性。长期以来,受山地环境约束，贵州山区人民在一座座大山阻隔中，独立地自行繁衍，形成了一座座文化孤岛。而十七个世居少数民族和睦相处、代代相继，多种族群和不同地域的文化因子经反复碰撞与涵化，又形成了"文化千岛"现象。明清时期的三状元、一探花、六千举人、七百进士即是明证，"清诗三百年，王气在夜郎"就充分肯定了贵州文化的成就。

四是具有创造的开放性。在移民文化冲击下，贵州山地文化身处绝境而义无反顾地吸纳、顺应、改造，具有敢闯敢干精神，独立思考的创新意识，不为旧框所囿的冒险胆略，不甘落后、奋力拼搏的思想，打开山门、迎八方风雨的气度。如奢香开"龙场九驿"，拉开了封闭贵州的重山叠嶂；王阳明龙场悟道，跳出了引经据典，以经解经的窠臼，走上独立思考的道路；公车上书贵州签名者九十六人，居全国第二；如此等等，都显示山地文化熏陶下的独特品格和胆识。

立足独特的山地特征，系统把握丰富的山地资源，做强山地文化，应着力做好融合文章，大力推进"山地文化+"工程，以"文化+"为贵州"补气养颜"。

一是大力推进山地文化＋山地旅游。山地旅游契合人们崇尚自然、追求健康的愿望，已成为引领全球旅游业潮流的重要力量。以"山地公园省·多彩贵州风"为主打品牌，着力把山地旅游打造成为具有全域全景理念的大产业、承载核心文化价值的主载体、拉动山地经济发展的增长极，努力将贵州建设成为世界知名的山地旅游目的地，让多彩贵州山地旅游风行天下，让山地文明永续发展！

二是大力推进山地文化＋山地农业。把山地文化植入山地农业，是破除我省山多地少、农业商品化率低的现实路径，更是"倒逼"喀斯特山区农业发展的破题之策。要以市场需求为"导航灯"、以资源禀赋为"定位器"，念好"山字经"、种好"摇钱树"、打好"特色牌"、舞活"产业链"，大力发展现代山地特色产业，把盆景做成风景，把山地特色农业培育成新的经济增长点。

三是大力推进山地文化＋山地康体。中国传统文化的精神内核是东方哲学，儒释道都对山"仰之弥高"。山地康体正是以山地原生自然与人文资源为依托，结合山水资源和市场客源建设的运动休闲体验产品。要把山地文化植入运动康体中，积极开展攀登、探险、野外生存、户外拓展等运动产品，积极探索健康养生、避暑休闲、度假疗养、山地运动、汽车露营、科普探险、修学旅行等新兴业态。

四是大力推进山地文化＋山地城镇。贵州是全国唯一没有平原支撑的省份，不能走"摊大饼"的道路，只能"蒸小笼"，组团式、点状式、集群式布局。要把山地文化融入山地特色新型城镇化进程中，秉承"天人合一"的理念、"知行合一"的准则，注重依山傍水，体现小巧宜人的规模尺度、环境优美的山水风光、自然亲切的田园气息等，防止贪大求洋，防止千城一面，把城市当作精品艺术来建设，用新的经典创造新的历史。

放眼贵州，山地资源奇异富饶、山地风光交相辉映、山地文化多彩和谐，越来越成为老百姓安居乐业、投资者发展创业、旅游者休闲体验的好地方。伴随着交通等基础设施日趋改善，各种山地资源日益升值，把山地文化做大做强，贵州将更加珍贵。

文化是民族的血脉

　　"文化是民族的血脉",这是一个极其深刻的判断,可以说,是从生命的高度强调了文化的重要性。

　　生命是宇宙间的绚丽,血脉是生命展示和延续的必须,没有血脉,便没有生命。对一个人而言,所谓血脉即人体内血液运行的脉络。《吕氏春秋·达郁》曰:"血脉通也,筋骨固也。"《后汉书·方术传下·华佗》曰:"血脉流通,病不得生。"可见,文化——一个民族之血脉,何其大哉!

　　陈寅恪先生在二十世纪五十年代断言:"文化关乎民族的盛衰。"其要害之处在于,即如没有血脉的生命不可能生存生长延续一样,没有文化的民族同样是不可能生存壮大的。任何一个民族总是特别珍视自己的血缘脉络,以数千年文化定义中华民族,珍视自己的文化如血脉之重。

没有科技，一打就败；没有文化，不打自败。欲灭其国，先绝其史。丧心病狂的入侵者，消灭一个民族的肉体在其次，其重点是消灭文化。前事不忘，后事之师。

中华民族是历史形成的命运共同体，维系这个命运共同体的基本纽带是文化认同。这种文化认同，随着历史的进程而不断加深加固，构成了中华文化的血脉和中华民族的血脉。这种文化认同，使一个民族在最危险的时候，敢于用血肉筑成我们新的长城，在最危急的关头能够万众一心，冒着敌人的炮火前进。

"流水不腐，户枢不蠹"。血脉给人体以营养和动能，血盈而脉畅，生命才能生生不息，充满活力。补五脏、造新血，身体才能进入良性循环，全身充满新鲜健康血液，才能精力充沛。据测，人体的红细胞更新周期是一百二十天，并总有衰老的红细胞不停地在脾脏被吞噬，严格意义上讲，血液时时都在更新。同理，中华民族的血脉——文化，要充满生机与活力，仍然需要中华文化几千年的传承和更新，需要一脉相承、与时俱进的创新精神，增强全民族文化创造活力。文化创新乃是一个民族生生不息的灵魂，如果不能创新，如人体造血功能障碍，人体将走向衰亡，一个民族也是如此！畏也！

文化实力和竞争力是国家富强、民族振兴的重要标志。我们正在全力推进社会主义文化大发展大繁荣，建设社会主义文化强国，加强社会主义核心价值体系建设，全面提高公民道德素质，丰富人民精神文化生活，增强文化整体实力和竞争力，对中华文化的崛起与强大，我们充满信心。

同样，一个地方要发展，文化实力和竞争力在某种意义上起着四两拨千斤的作用。这些年，贵州举办的"多彩贵州"系列活动形成响当当的文化品牌，以《绝地逢生》《奢香夫人》《幸存日》为代表的影视剧，以"侗族大歌""布依八音"为代表的民族民间文化等等，使贵州文化风生水起，声名远播。贵州人用贵州人的歌喉唱出了贵州人的强音，贵州人的精神状态发生了可喜的深刻变化，极大地推动了物质的发展，产生着历史性的变化，实践一次次雄辩地证明着文化的力量！

在我国五千多年文明发展历程中，各族人民共

同创造出源远流长、博大精深的灿烂文化，它是一个
民族的血脉，是一个民族的精神和灵魂支撑，民族离
不开文化，更离不开生生不息的文化传承与创新。中
华民族的伟大复兴不仅是物质的，更是文化的、精神
的，这是伟大复兴之根。

文化是人民的精神家园

"文化是人民的精神家园",仿佛划过灵魂夜空中的一道闪电,透射出文化认识上的进一步深刻与全面。

人类需要家园,这是居住之所。农耕时代理想的家园,水草丰盛、牛羊遍野、稻菽翻浪、鸟语花香,真是小桥、流水、人家,在那里住着让人方便、舒适、惬意。人作为高级动物,在于其理性——精神。精神应有居住之所,让心灵获得安稳、慰藉,这里就是精神家园。

一位大师认为,我们读文学,因为我们都是"人类的一份子,而人类是充满了激情的。医学、法律、金融——那些是我们需要的谋生手段——可是诗歌、浪漫、爱、美,我们之所以活着,就是为了这些!"我们的生存、生活,也需要诗、需要美。人要活得有尊严，过有尊严的生活，物质、精神一样都不能少。应是这样一个基本公式：物质＋精神＝尊严。如果"精神"为零，那么，"物质＋0≠尊严"。生命总有所归宿，在自然界"叶落归根"，动物界"狐死首丘"，理性而情感丰富的人，其精神难道无须安顿？

一位哲学家做过这样的比喻：政治是骨骼，经济是血肉，文化是灵魂。古往今来，无数哲人为寻找精神家园而殚精竭虑，精神家园就仿佛是灵魂栖息的一座美丽的太阳城，人在这里应是充满了安顿感、温馨感、充实感和幸福感，生活也似乎特别有意义。精神家园是一个古老而又常说常新的命题，从人类诞生的那一天起，人们就一直在追寻属于自己的自由天空，而现代人在这方面的渴望似乎更加强烈了。没有精神家园，人就会感到精神空虚、不知所措、无所适从，甚至价值倒错、发生心灵扭曲和变形。学者钱钟书说："把忍受变成享受，是精神对于物质的最大胜利，灵魂可以自主，也可以自欺。"

人民的精神家园——文化是用来传承创新的。可曾几何时，"文化大革命"冲击一时，影响极大。霍尔巴赫曾说："在一个文化紊乱的社会里，几乎所有的社会成员都互为仇敌，每个成员都只为自己生活，很少顾及他人。每个人都只受自己欲望的支配，只考虑与社会利益背道而驰的私人利益。正是到了那个人对人是豺狼的时候，作为那个社会成员的人，有时比生活在深山密林的野人还要不幸。"我们的教训何其深刻！

一个民族的精神家园，是其生命力之母、创造力之源、凝聚力之纽带、聚合前行之动力。中华民族的精神家园始终不减其力量，是以有像鲁迅的自我批判和沈从文的人性光华之类基本元素的坚实沉淀；是以有如《红楼梦》《离骚》这样的古典名著内在含藉那样深层次而长远的人性理想的深切关照。追求真善美，是我们民族的主旋律、主基调。当今，在弘扬中华民族共同的时代精神过程中，必须大力建设社会主义核心价值体系并增强其吸引力和凝聚力，使社会主义先进文化思想和观念成为引领中华文化发展的主流，为人民的精神家园注入丰富的、富有时代特征的文化内涵。

在此想到学者斯宾诺莎，他的一生都在打磨镜片——精神镜片，帮助人们矫正近视，找到方向，用一种更长远、更深邃、也更崭新的眼光去看待宇宙生命及看待自己。重视发挥文化引领前进方向、凝聚奋斗力量的作用，这应是我们这个时代的"精神镜片"，以此自觉地不断以思想文化新觉醒、理论创造新成果，使我们能够以文化建设新成就，建设一个美好的人民的精神家园！

酒文化片羽

　　酒，可谓"天下何人不识"。历史越空数千年，酒在人们生活中一直有着特殊而微妙的地位，渗透到了人类社会几乎每个领域。酒由此介入了人们的精神生活，形成了人类文明长河中一道绚丽的风景——酒文化。

　　酒之功用，起点超然，首推祭祀。

　　在古代，酒被视为神圣之物，"饮必祭，祭必酒"，"百礼之会，非酒不行"。

　　祭祀为通天、通地、通神、通祖。古人在强大的自然力面前，往往自感渺小无力。对神秘未知世界的恐惧，促使人们于幻想中祈求力量和智慧，寻求心灵的寄托和慰藉。祭祀在这里大显身手，试图在终极回溯中得人和天地万物的本源之道，以期通过沟通上天或祖先，获得超能力。酒的致醉功能无疑为此提供了最佳媒介，在想象的空间中沟通了生理与心理、现实与理想。酒由此超越客观之物，而成为一种文化象征。

酒之功用还在于"循礼"。制定饮酒礼节，在人因酒而"思接千载、神游八极"，难以自制而可能扰乱社会秩序之时，显得极为重要。

因此，早在远古时代就形成了一些大家必须遵守的礼节，将饮酒视为庄严、庄重之事，非祀天地、祭宗庙、奉嘉宾而不用。主持飨宴中的酹酒祭神活动之人，被称为"祭酒"，后被人们用以泛称位尊或年长者。汉魏始至清光绪，"祭酒"还曾被用作官名。古时饮酒，因其神圣性而生出许多繁复的礼仪，如"酬""酢""避席"等，虽有繁文缛节之嫌，却也有促人循礼之教化作用。

在文学艺术的王国中，酒曾是许多艺术家解脱束缚、获得艺术创造力的重要途径。

在古代诗人笔下，酒何其神妙。曹操的"对酒当歌，人生几何"，杜甫的"李白斗酒诗百篇，长安市上酒家眠。天子呼来不上船，自称臣是酒中仙"，苏轼的"俯仰各有态，得酒诗自成"、李清照的"年年雪里，常插梅花醉"……都显现出酒在艺术中的风姿。

历代文学作品中，描写酒之为用更令人叹为观止。《红楼梦》中，酒表现为一种"雅"的形态。其中写到饮酒，必作诗，行酒令；在《三国演义》里，表现为一种"谋"的形态。书中写以酒谋事，如青梅煮酒论英雄、周瑜假醉诈蒋干等，都散发出浓浓的权谋之气；在《水浒传》中，则表现为一种"勇"的形态。众多英雄人物无酒不欢，以酒壮志，像武松景阳冈打虎，鲁智深醉打山门、倒拔垂杨柳，连谨小慎微的宋江，几杯酒下肚，竟也敢在望江楼上题写反诗；而《儒林外史》中的酒，则表现为"清谈"的形态。书中有大量的清谈和酒的关系，显示出酒在结构作品，揭示文士生活、心理，展现他们对社会看似轻松实则戏谑的生活态度等方面的重要作用。

酒的理想状态，是在精神的自由和行为的约束之间形成一种平衡。

不过，其中尤重"度"的把握。孔子说"惟酒无量，不及乱"，意思还是要在"礼"的范畴中，不逾矩。春秋时期的政治家管仲，说过一句名言："沉于乐者洽于忧，厚于味者薄于行。"一次齐桓公问他为何不饮酒，他说："酒入口者舌出，舌出者言失，言失者弃身。""臣计，弃身不如弃酒。"

但酒之于社会、历史、文化、人生抑或社会、历史、文化、人生之于酒的关系的命题，必将被持续言说下去。

马年说说"龙马精神"

关于马的俗语、谚语、成语、歇后语、典故，可谓洋洋大观。每个人都可以说出个一二三，并非夸张。及至马年，频率最高的问候语恐非"马到成功"莫属。夸奖个人能力是一马当先，突出集体力量则万马奔腾。马年说马，更有无数"马匹"跃然纸上，其中最为脍炙人口的当数"龙马精神"——这也是最具中华民族文化深刻内涵的。

一个很有意思的现象是，中国人一般是在马年到来的时候，特别喜欢说"龙马精神"，而不是在龙年。大约，多数人还是更愿意看到马，与生产生活中随处可见的马亲近。确实，"龙"的威权在中国历史上无可比拟，弄不好就是"龙颜不悦"甚至"龙颜大怒"。而其博大精深也让人仰之止之，当年孔子去见老子，回来说看到的是"神龙",云里雾里,见首不见尾。在《西游记》普及文化里,"小白龙"就是"马"。

与人同呼吸共命运的,是马而不是龙。从历史看过来,"宝马良驹赠英雄",留下多少千古美谈。关云长的赤兔马、斯巴达克斯的无尾马等,都以独特的传奇色彩载入史册。《前汉演义》中,西楚霸王项羽的战马,越过险滩,跨过溪流,纵横驰骋,在千军万马之中入如无人之境,所向披靡,漫起一道道长长的黄尘……演绎出一曲曲侠肝豪胆、感人至深的古战场传奇!《西游记》中的那匹本是一条龙的白马,辅佐唐僧,历经九九八十一难,到西天取得真经。当然还有现代战争史上的骑兵传奇,丝绸之路上、茶马古道上的"山间铃响马帮来"等等。在"战马嘶鸣"与"烛光斧影"之间,民众的褒贬,分明是倒向马的。有关马的文化历史及传奇故事,给人们留下了无尽的思考与启迪。

由此似可窥见,龙马精神是中华民族文化中"勤奋"基因的形象体现。孔子思想的第一块基石是"仁",铸就了儒家文明的第一个原点。"仁"之首要之义在于"仁者先难而后获",强调先有奋斗才会有收获。"一阴一阳之谓道",这是一个整体,也是矛盾的两个方面。行天者莫若龙,行地者莫若马,其关系是,龙行天是为阳,凭本领和能力,马行地是为阴,踏实劳动。当马的勤奋努力而本领能力大增,可为"千里马",可有"马踏飞燕"——很可能是马转化为龙的过渡阶段写照的状态,经过再努一把力,阴阳将会转化,马就是龙了。本身是一条龙,不勤奋努力,抱残守缺,墨守成规,慢慢地就变成马了,最后就是做牛做马。贵州息烽有个地名叫"养龙司",其实乃养马之地。因马养得好,得到"天子"赏识而由马而龙。中国人说"一生之计在于勤",与"一天之计在于晨""一年之计在于春"的自然运行规律相关联,天地阴阳合一,其训教非常深刻!在此,头脑里猛地冒出了一些学者"当今盛行的消费主义,是我们民族最大的哀痛"这个命题,心中不禁一凛。

龙马恐怕不是龙和马的合称,似是古代传说中一种特别的神兽,可能是"马身龙首",或"马身龙鳞",有人说它是一种马,也有人说它其实是龙,反正大有来头。唐代李郢《上裴晋公》的诗句:"四朝忧国鬓如丝,龙马精神海鹤姿。"就是用"龙马精神”形容一个人精神抖擞，很有活力和创造力。可以说，龙马精神是对马最优秀品质的浓缩和概括，进入到我们民族精神里面。其核心是抱负远大、才智聪慧，不畏艰险、执着向前；其精髓是自强不息、矢志不渝，信念坚定、百折不挠；其实质是昂扬向上、积极进取，奋起直追、奋发图强；其灵魂是勤劳勇敢、默默无闻，勇于拼搏、无私奉献。

俗话说，"牛马年，好耕田"。一分耕耘一分收成。春风得意马蹄疾，一日看尽长安花。时不我待啊！驽马十驾，功在不舍。"雄关漫道真如铁，而今迈步从头越"。车辚辚，马萧萧，脚下是漫漫征程，放眼是地阔天高——"昂首扬鬃，骏马舞东风，追求梦想；斗寒傲雪，红梅开大地，实现复兴"。只要我们以"天行健，君子以自强不息"的精神，攻坚克难，勇往直前，定能实现梦想，马到成功！

杜鹃花——我心中的奇葩

在市场经济狂涛巨澜冲击思想堤岸的当下，还能悠然地坐在一起谈文学，令我肃然起敬。工作的早期，我在地矿厅宣传部杜鹃花杂志任副主编，对那里的一人一事、一桌一椅、一草一木，记忆犹深，恍如历历在目，至今仍情怀未改，可谓情深意长，终生难忘。蓦然回首，昨天还在灯火阑珊处，心啊，始终萦绕着过去一切的一切。不改的地质情怀，促使我把这篇文章的主题确定为"杜鹃花——我心中的奇葩"，权作对当下贵州地质文学现象的一种研究。

一、卅年风雨兼程 地质艺苑百花灿烂

每年春天，黔西北大山中姹紫嫣红的杜鹃花吸引了无数远足春游的人们。杜鹃花生长在山野，具有火

的外形、火的秉性、火的心肠、火的肝胆，是一种精神、一种哲理；风餐露宿而不怨，甘居荒野而自乐，与世无争，坚守清贫。她向大地索取得甚少，她向人们贡献得却甚多，她引领人们去探寻一种宝贵的矿藏。她的气质、品质多么像我们生活中的一群人——地质工作者。20世纪80年代初贵州省地矿局伴着改革大潮应运而生的文学刊物即以"杜鹃花"命名。

（一）《杜鹃花》，花的摇篮。《杜鹃花》自创办以来，培育了数量众多的地质作家和文学爱好者，刊发了不少地质文学佳作，被誉为贵州地质文学和地质作家的摇篮，也造就了令人关注的"贵州地质文学现象"。《杜鹃花》的创办，是贵州地质文学发展的标志性事件，从它创办以来，一直推动着贵州地质文学和作家的蓬勃发展，欣欣向荣，形成了颇具影响的，在省内外令人瞩目的作家群。老一辈地质作家有：李绍珊、袁浪、拓石、平中凡、张子原、李华、陈履安、刘龙材、陈汝贤、毛有为、李文炎、刘耀辉、杨胜红等；中青年地质作者更如星河灿烂：欧阳黔森、冉正万、冯飞、秦连渝、陈跃康、管利明、童洁、刘宝成、刘宝静、何毓敏、欧德林、龚章河、黎健、王四清、谢世民、刘道明、刘建中、詹海、林小会、宋东等一大批文艺骨干200余人，40余名加入国家级、省部级作协会员，创作了一大批小说、诗歌、散文、报告文学、科普文艺作品和多部影视文学剧本。

（二）辛勤耕耘，成绩斐然。1992年贵州省首届"新长征"职工文艺创作奖评奖，在所设立的9个奖项中，省地矿局获得6个一等奖，引起了贵州文艺界震动；该奖项以后的历次评选，省地矿局都榜上有名。2004年，欧阳黔森的短篇小说集《味道》荣获贵州省文艺奖一等奖，陈履安的《两难困惑中的抉择》获全省五个一工程奖、国家科技进步二等奖；2005年，欧阳黔森、李绍珊等人的作品分别获得第三届中华宝石文学奖长篇小说类、中篇小说类、散文类奖项，冯飞的小说《大清血地》被史学界、文学界誉为"史诗般历史凝重的小说佳作"。这些年来，省作协相继召开欧阳黔森、刘龙材等作家作品研讨会。迄今，欧阳黔森出版作品10余部、刘龙材出版9部、陈履安出版6部、李绍珊和袁浪各出版5部，加之冉正万、拓石、陈跃康、管利民、何毓敏、欧德琳等难以统计的大量作者作品，形成了一个阵容庞大成果丰硕的作家群。

2013—2014年，贵州省地质文联连续两年被贵州省文联评为先进集体。

贵州地质文学的发展壮大，离不开一个团队和一份刊物，这个团队最早的领头人就是《杜鹃花》首任主编李绍珊。自1984年省地矿局创办大型文学刊物《杜鹃花》以来，在首任主编李绍珊的带领下，在袁浪副主编及我的积极协助、配合下，在编辑、作者的共同努力下，30多年来，《杜鹃花》共发表作品400余万字。这份刊物像一片文学的沃土，培育、滋养出一批又一批地质文学人才，他们的创作活动曾一次次引起社会强烈关注：20世纪80年代中期，袁浪的传奇文学和电影创作曾独领风骚；20世纪90年代中期以来，地质作家们在经过社会主义市场经济的洗礼后，创作越发深沉和凝重，先后在电影、电视、小说、诗歌、散文、科普等领域创作出了一大批颇具影响的作品，出版作品100多部，夺取了国家"五个一工程奖""飞天奖""金鸡奖"和贵州省文艺奖等几十个大奖，取得了令人瞩目的成绩。从《杜鹃花》起步，经《山花》《新生界》，到《人民文学》《当代》，再到文学专著的出版最终至电影、电视的热播，贵州地质文学立足贵州高原、立足地质工作一步步迈向辉煌（当时，连地质队的炊事员都在写小说，那是多么的诗情画意，鼓舞人心的创举）。

（三）欧阳黔森，现象中的现象。欧阳黔森是地质队伍中走出的文学佼佼者，2011年当选为贵州省作协主席、省文联副主席，中国作协第七届全委会委员。著有长篇小说《非爱时间》《雄关漫道》，散文集《有目光看久》，短篇小说集《味道》，中篇小说集《水晶山谷》等。作品获贵州省第一、二届政府文艺奖，贵州省政府文学奖一等奖，全国"五个一工程奖"，中国电视"飞天奖"，中国电视"金鹰奖"，全军电视"金星奖"等奖项若干，两次获省人事厅、省文联授予的德艺双馨文艺家称号。

欧阳黔森作品集《味道》（中国文联出版社2003年版）与中国当红作家鬼子、刘庆邦、东西、荆歌的作品被著名文学评论家孟繁华列入"中国短篇王"丛书，该书在全国上市即洛阳纸贵，短短3个月《味道》就连印3版。孟繁华说，将《味道》与目前全国短篇创作的领军人物的作品同时推出，是看中了欧阳黔森未来的实力和对他实力的信任。欧阳黔森之所以能受到读者的欢迎，引起中国文坛的关注，并不仅仅是因为其高产的数量，根本的在于他的这些作品能够不断击中我们的阅读神经，让我们获得某种审美上的震撼。

近年来，欧阳黔森涉足影视，创办"贵州日报报业集团·黔森影视文化工作室"。2006年，欧阳黔森领衔创作的20集电视连续剧《雄关漫道》作为纪念红军长征胜利70周年的献礼片，在中央一套黄金时间播出后，在全国引起了较大反响，被专家们喻为电视剧《长征》的姊妹片，获得了中宣部"五个一工程奖"和"金鹰奖""飞天奖""金星奖"。2009年，他创作的20集电视连续剧《绝地逢生》全国"两会"期间在央视一套黄金时间播出，拿到了影视宣传贵州的头彩，这部反映贵州改革开放30年科学发展的电视剧，先后获得了中宣部"五个一工程奖""金鹰奖"和全国少数民族题材电视剧优秀作品一等奖。2011年，欧阳黔森作为总制片人和编剧的两部胶片电影《幸存日》《旷继勋蓬遂起义》和担任总制片人的电影《云下的日子》，在全国上映。由欧阳黔森编剧和制片的30集电视连续剧《风雨梵净山》、30集电视剧《奢香夫人》亦在中央一套黄金时间播出。电视剧《二十四道拐》在央视播出，更是掀起收视热潮。这样可圈可点的显著成就，贵州史无前例，全国也极其罕见，成为贵州地矿文学30年的一大奇观，成为贵州地质文学现象中的现象。

（四）"现象"简析，发人深思。"贵州地质文学现象"之所以称其为现象，确实有那么一批执着的成规模的地质文学爱好者，确实有那么一批质量上乘的成规模的作品。这与《杜鹃花》利用刊物阵地平台，坚持文学育人、服务大众，坚持"三贴近""二为方向"和"双百方针"的办刊思路密不可分。同时，现在想来，贵州八山一水一分田的地理环境使那些长期在一线、在深山的地质工作者心无旁骛地工作、学习和创作，是贵州的山水成就了这么一群读书人，写书人。此外，地质领导的高度重视与支持及这支队伍创建时的文化传承，加上寂寞的生活土壤、积极的人生态度、浓郁的文化氛围、无私的团队精神，最终成就了"贵州地质文学现象"。

二、一路走来　风雨兼程——贵州地质文学的发展分期

　　一是自发萌芽期（1978—1982年）。这一时期，思想解放，全国文学艺术迎来了创作发展的春天，文学的追求成为社会价值观的主流时尚。这一时期，贵州省地矿局招收了大批知识青年，壮大了地质队队伍，这些青年职工大部分是地质子弟，整个地质队伍朝气蓬勃，文学青年激情澎湃，跃跃欲试。共青团工作受到高度重视，十分活跃。很多地质队团组织为丰富共青团思想工作的内容与形式，引导青年职工的健康追求，纷纷自发地办起了手刻、油印的文学刊物。1980年春，地处遵义市的贵州省地矿局114地质大队团委率先创办了青年地质文学刊物《共青湖》，随后102地质大队团委创办《小草》，111地质大队团委创办《小溪》，115地质大队团委创办《山叶》，105地质大队团委创办《山魂》，测绘队团委创办《地质测绘报》……十余种早期青年地质文学刊物雨后春笋般涌现出来。这些青年地质文学刊物的创办与交流，在贵州地矿系统形成了浓厚的文学创作氛围，吸引了大批

中、青年文学爱好者，为后来贵州地质文学队伍的建设准备了人才条件。这一时期可称为贵州地质文学的自发萌芽期。

二是培育成长期（1983—1992年）。改革开放初见成效，思想战线拨乱反正，各行各业大干快上。地质工作体制改革开始启动，计划经济与市场经济双轨并行；年轻职工队伍进入思想的成熟期，人生的价值追求趋于明确。叶辛、何士光、李发模、李宽定、顾文光等作家的作品在全国产生广泛影响，成为引人注目的贵州文学现象。1984年，贵州省地矿局党委顺应广大地质文学爱好者要求，由局宣传部牵头，局团委与局工会协助，共同创办了《杜鹃花》地质文学期刊。主编为李绍珊，副主编为袁浪、彭德全以及我。李绍珊是《杜鹃花》的创始人，是贵州地质文学的奠基者。1985年，在我的策划下，《贵州日报》刊发贵州地质文学作品专版，这是贵州行业文学最早的专版，轰动一时。这一时期，袁浪的武侠传奇小说自成一体，影响广泛，有《血溅秋风楼》《无名三侠客》两部作品被长春电影制片厂和北京电影制片厂拍成了电影。《杜鹃花》编辑、出版了14期，培育了近百人的贵州地质文学创作骨干队伍，蓄势待发；1990年，贵州省地矿局与贵州省电视台合作拍摄了全面反映贵州地质工作成果与地质队员生活的6集系列电视专题片《高原拓荒人》，播出后，在社会上产生了极大影响。1992年，在贵州省首届"新长征杯"职工文学艺术创作评奖活动中，贵州省地矿局在9个评奖项目中夺得小说、诗歌、散文、影视片、歌曲等6个一等奖及若干二、三等奖，引起全省轰动。

三是发展收获期（1993—2000年）。邓小平视察南方谈话，掀起了改革开放的新浪潮，人们纷纷下海，市场经济正式登上了中国的历史舞台。经济体制改革不断深化，地质工作体制面临巨大冲击，地质部门投资锐减，开辟第二产业、第三产业成为地质队员的新挑战、新机遇。从计划经济体制向市场经济体制转型，失落与期待并存，困惑和拼搏同在；地矿部门传统的中央直属体制解体，属地化管理成为现实。这一时期，《杜鹃花》创始人李绍珊退休，袁浪接任《杜鹃花》主编。期间，编辑、出版了《杜鹃花》12期，贵州地质文学保持了持续发展的势头；贵州地质文学作家群更加成熟，纷纷从《杜鹃花》地质文学园地走出来，融入社会文学的大家园。103地质大队职工欧阳黔森、106地质大队职工冉正万，先后成为了签约作家。2000年编辑、出版了三卷本的贵州地质文学丛书《高原拓荒人》，共约120万字，堪称跨世纪的贵州地质文学经典！

四是变革转型期（2001—2008年）。新世纪、新千年，经济体制改革进入深水区，地质工作环境发生较大改变，社会价值观和人生追求更加现实和趋利，唯有心存文学追求的人们，矢志不渝。国家增加了对地质工作的投资，地质行业大环境得以好转，迎来了新的发展机遇。贵州省地矿局与省国土局合二为一，又一分为二。《杜鹃花》停刊，贵州地质文学创作活动转为自发行为，纷纷编书出版，自我总结。贵州地质文学骨干分流发展：或成为专业作家，或从商、从政。由何毓敏执笔的9集电视专题片《苗岭先行兵》，在贵州电视台播出后产生了极大的社会反响！欧阳黔森在全国文学界一鸣惊人，冉正万小说创作异军突起，李绍珊老当益壮、佳作迭出，袁浪转战国土新闻界，拓石宝刀未老、勤勉写作……

五是复兴再造期（2009—现在）。强势的经济社会，呼唤文化的自觉自信，这已成为不可阻挡的历史必然。2009年成立贵州地质文联。《杜鹃花》地质文学期刊复刊，现已编辑、出版了20余期，贵州地质文学的纪实作品成为这一时期的创作热点与亮点，创作出版了贵州抗旱打井报告文学集《甘霖行动》及反应地质工作与生活的《地矿职工摄影书画集》等文化成果。

不仅如此，新时期的地质文学队伍还向贵州文艺界输送了一大批文艺人才。欧阳黔森于2011年高票当选贵州作家协会主席、贵州省文联副主席；曾在贵州地矿局工作5年，为贵州地质文学人才培养发挥重要作用的陈国栋，2013年当选为国土资源作家协会主席；《杜鹃花》重要作者冉正万先后担任了山花杂志副主编，南风杂志社社长、总编辑；《杜鹃花》重要作者、编辑陈跃康，连续两届当选为贵州省电影家协会副主席、贵州省现当代文学协会副会长；《杜鹃花》重要作者、编辑，长期坚持地质工作岗位的管利民，多次当选清镇市作协副主席；《杜鹃花》现任主编欧德琳，不仅在纪实文学创作上成绩突出，也为地质摄影做了开拓性贡献，并被选为贵州省摄影家协会常务理事。值得一提的是，这支队伍还培养了一批领导干部。

鉴于以《杜鹃花》为主要阵地而出作品、出人才、出影响的客观存在，我从现当代文学理论研究的角度提出了"贵州地质文学三十年"的命题。2012年3月16日，贵州省地矿局在省政协礼堂隆重举行了"贵州地矿文化建设发展大会"及"贵州地质文学三十年成果展"，对这一命题进行了全景式的诠释。

美

之于他

生命之幽歌

——解读韦应物《滁州西涧》

以宏观角度，从抽象到具象，从具象到抽象，就万物之具象到生命之抽象和生命之抽象可表现为万物之具象这一观点，为众多学人所接受，并往往在创作和作品世界里层层表现出来。受启示于大自然之景、物，又从景、物之中感悟生命多姿多彩之微妙。

独怜幽草涧边生，上有黄鹂深树鸣。

春潮带雨晚来急，野渡无人舟自横。

这是韦应物的一首诗，题目叫做《滁州西涧》，我试以点带面，分层次做一具体解读，以窥创作、作品含藉的生命之意蕴。

一、即景

时因儒学大盛，从评说《诗经》"关关雎鸠"喻后妃之德始，历来骚人墨客评诗论文，不管具体是何内容，多有牵扯于社会"现时"之层面者。其论说之理，在于以"人事"论"诗事"。

如宋代的赵章泉评诗就是一例。王士禛在《唐人万首绝句选》凡例上提到，说赵章泉选唐诗绝句，评注中多有迂腐穿凿之论。特别举出韦应物的诗作《滁州西涧》来说明，赵章泉对"独怜幽草涧边生，上有黄鹂深树眠"做解评，说这是君子在下，小人在上之象。王士禛明确结论："以此论诗，岂复有风雅耶？"

周振甫《诗词例话》引此，以他自己的看法，认为韦应物是特别地喜爱西涧的景物，在这首诗中展开了一幅画面，艺术含藉之核心可以说是诗中有画。对君子小人之说不以为然，如联系全诗，对此也不容易解释。同时提出，传统的说法，黄鹂即黄莺，在树上叫有莺迁的说法，是为"出自幽谷，迁于乔木"（《诗经》），与君子小人何干？按赵章泉之论，不光穿凿，也把诗中有画的美的意境破坏了，诗意不存。

以上说法很有道理，像《滁州西涧》这类诗，明显地第一阅读感受是定位在写景抒情上的。景物就在眼前：涧边幽草，深树黄鹂，春潮带雨，野渡舟横。这一番景致确实令人心旷神怡。在第一印象的基础上，对于论诗，似还应深入探究，这些景物的组合为什么会产生奇妙的审美效果，其意境里有什么深层含藉。

二、色彩

色彩和线条是图景的主要元素，在文字类作品中，对色彩和线条引起的心理激动并不是直观的，必须由阅读者通过对符号的想象作用才能捕捉和感受到。然而这又是具体实在的，盖因符号体系的链条在人类长期的历史发展中，对相应固定的符号在其系统的链条中，沉积了特有的内在含藉，并由人的大脑、心理功能所决定，具有在阅读活动中辐射出其内在意义的可能。

将色彩放在生成学的视野来看，人的生产、生活，人的感官之形成，漫长历史的浸润，色彩经"上下文"对人的思维的相应作用，是比较地可以辨别的，有着生命意味的力的铺垫。

在《滁州西涧》中，作品用文字概念描述色彩以表达内涵，应是相当自觉的，主要以绿及黄色构筑了诗中彩色的图画。

以绿为主色调。涧边、野渡的绿作为大背景的底色，幽草显出逼眼的浅绿，深树的深绿把人视线引向幽远，这一切，不正是含藉着生长、生命、农业文化的意蕴吗？"春风又绿江南岸"，农业文化中"生"的欣悦令人感动，而《滁州西涧》在这分出了层次的绿里，却是由浅而深，直至"晚"晦暗和"无"的否定，这就辟出了另一番意趣。

突出黄色的作用。鸣叫着的"黄鹂"，扑闪着生动的黄的色彩，令人眼前一亮。黄这一色彩的民族心理的潜在含藉相当深厚，黄河这一在写实之外的象征意义，为现在人们所熟悉，直有黄河文化之概念；黄袍加身，更有其特定含义，此乃中国历史上至高无上的人主的专用名词。河、袍皆以黄来修饰且具有不可它代的含藉，可见黄之于中华民族具有的社会、历史、文化及审美的心理意向悠久深厚。

三、线条

线条是一种抽象，是人的感官独具的一种能力，有着人的生命意味的力的支撑。线条构成的图景，对人视觉的想象作用，是一种内在的力的形式。直曲之间及其配搭，经由视觉的想象效果，会产生奇妙无比的联想空间。比如，人们看到一个在单纯背景上画出的圆圈，这时人对圆圈的视觉感觉应是稳固不动的。如果在这个圆圈下的东南方向或西南方向加上一条斜线，再看时，人的视觉感觉就会大不一样，你甚至不敢相信自己的眼睛，会发现这个圆圈有一种沿着斜线向下的滚动感。如果各种线条能有恰当的组合，构成符合于人的视觉之规定性的图景，就必定会生出美感来。

在《滁州西涧》中，诗作里的线条是丰富的。以作品描写顺序看，先是曲线，这是幽草生出线条感，有一种视觉上的游移，而"幽"的修辞，使这一线条有了纤弱初生的意味。再是直线，这一线条感受由深树而来，在视觉上，延伸的意味是强烈的，但与"大漠孤烟直"的意境却是各有其韵。再次是斜线，由春雨引出的斜线感，在人的视觉上荡出一种飘动，似充满了勃勃生机。"微风燕子斜，细雨鱼儿出"的句子，撩动着多少人心绪呵！最后是横线，承载于无人之舟，这横线感给人以视觉上的平衡，是一种静而阔的景致，"落霞与孤鹜齐飞，秋水共长天一色"画面的对照和内在心绪上的一丝幽通，大可玩索。

与幽草的小曲线、弱曲线相对映，涧边、野渡则是大曲线、强曲线，糅合曲线的探索、思虑，直线的向上冲击、喷发，斜线的飘动、生机，横线以地平线为依托的伸延、沉稳等等感觉和激动，视觉的冲击力使《滁州西涧》内在的画面容量和诗韵意境得以极大地拓展。

四、意象

意象，落脚点在象，以意定位之。象中有意，意在象中。《滁州西涧》一诗，共四句，其每句的第四个字恰好为四个意象，即：草、鹂、雨、人。这一组合，实诗人苦心孤诣吟诵，寄予着深沉幽远的生命之意味，蕴含在其中的人生、生命观念和民族历史、文化心理的审美观照，韵味独特而醇厚。

其一，"草"。这在天地之"地"上随处可见，所谓"天涯何处无芳草"是也。而草的生命力也是极其强大而富有忍耐性的，有诗句"野火烧不尽，春风吹又生"对其做了非常具体、生动、形象的描绘。

其二，"鹂"。此乃鸟的一种，"两个黄鹂鸣翠柳，一行白鹭上青天"，是为生动活泼的动物，而"迁莺"之说，又赋予其吉祥的意味，与草之植物正好相应，感觉是植物而至动物，鹂更像是草之灵魂。

其三，"雨"。乃自然之物，浑涵植物与动物，可为生命之源，生之于"地"，来之于"天"。"知时节"的好雨，与春同行，随风而飘洒，默默地滋润着万物的生命。由此引申而及，对于生命繁衍接续的具体表现形式，世人更有"云雨"一说，从哲理上讲，也是"天人合一"思想的自然流露。

其四，"人"。被称之为"宇宙的主宰"，万物无论以什么方式存在，其意义应是由人而生、由人而灭、是有是无，皆与人关系密切。"生"是一种意义，"灭"也是一种意义；"有"是一种意义，"无"也是一种意义。在生命的流程中，对于人而言，还有一个需特别注意的特性，人是唯一自己能意识到自己终将死亡的高级动物，这一特性意味着人对死亡的恐惧是不可避免的，对于一般人众，可以做的事情，更多是执着于寻求长生不老和通过全身心的"修行"来麻痹或是减轻必将面对的对于死亡的恐惧。

分析《滁州西涧》"草、鹂、雨、人"的意象及意象之组合，似可看到，这类诗作往往在外表的"胶着"中透出一种悠然超脱的闲适情致，有着一种淡淡的平常心的支撑，其中又有"天趣浑然，寓理无迹"的韵味，以致诗中的意境动静、声寂、实虚相谐：静中有动，动中有静；寂中有声，声中有寂；虚中有实，实中有虚。总然在平淡中有隐隐的巨大能量，平朴中有杳杳的无限深意，实可体会其暗含禅意之所。

五、哲理

由色彩、线条、意象之支撑，有着生命意味的体现。《滁州西涧》所属之意向集中于生命意念之核，积聚了生命哲理辐射之能量。于是诗作每句的最后一个词汇——"生""鸣""急""横"，便各有其意蕴却又浑然是一个整体，使诗作的生命哲理力透纸背。其演进是从静到动又由动入静，且又由双重含藉的对照来完成：一个方面是对生命过程的外部观察之描写；另一方面表达对生命历程的内部观照之态度。两相照映，诗作的境界陡然升华。

其一，"生"，是一种启动——幽草的生发，生命之初始。生之于涧边，必受惠于涧边，而受惠之处并非安全无虞之所，只要是生，就必定伴随着艰难，在涧边是随时可发生危险的。及之于人世，生即是苦难之始。

其二，"鸣"，是一种惊动——黄鹂的喜悦，生命之行进。鸣之于深树，重点突出深，由"深"来限定鸣，使鸣带上了收束和消散的意味。这里把生命的一时表现的活跃给予界定和深化，引领思维的意向导入更深的意境中。

其三，"急"，是一种激动——春潮带雨对万物的滋润，生命之高潮。微妙之处在于，对于"急"，诗中用"晚来"二字加以修辞限定，"昔阳无限好，只是近黄昏"，此义带上了否定的意向。但这种否定是一种相反相成，是对于欲的限制和隔离，想要达到的是另一种生命之境界。

其四，"横"，静的状态，自然中地平线、海平

面的横向弥漫伸延感,这是一种清静——回映前面独
怜幽草,也是一种寂静——归结于舟自横,尽可能地
消减纵向感,把对生命的感受归之于终止状态。这里
更深层次的含藉,是"横"之物为"舟","横"修
饰"舟",而且是"自横","自"之概念字一出,
其境界便向"自在"渗透,有了一种精神的"肯定—
否定—肯定"之生命意向。

总的看,诗作无论是对生命之流程的描写还是态
度,有一点是肯定的,就是创作者的对宇宙、世界、
人生的看法,认为在各种生发之现象背后,有一个更
大的精神或者说是更大的精神力量笼罩着,是为物、
人之本原。

行文至此,想到杜牧的一首诗《寄扬州韩绰判
官》,似可作遥相呼应的阐释。

> 青山隐隐水迢迢,秋尽江南草未凋。
> 二十四桥明月夜,玉人何处教吹箫。

这里让人感觉是自然与人世生活的对比,在情感
的凄婉旋律中,以山水阔远隐约之背景,衬托人们印

象中美好江南在秋尽之时的凋零草木，推出明月夜色里的"二十四桥"雅典，但是此时却又着力就"玉人何处教吹箫"对"人"加以否定，从而在哲学思想上复归于诗句开始的"青山隐隐水迢迢"的自然。这是由即景之自然而至人生生命之迷茫，"二十四桥"其人其事只在夜晚的明月烛照之中，恰如秋尽之时的江南草木凋零，只留得隐隐山青、迢迢水流。

杜牧的另一首七言绝句《金谷园》，其中有"水"、有"草"、有"春"，还有"鸟"、有"花"等，在诗人的组合里，成了"繁华事散逐香尘，流水无情草自春。日暮东风怨啼鸟，落花犹似坠楼人"之境。这里的哲理、思想应与其上面一诗异曲同工，而此间又与韦应物之作隐约相类，只不过觉杜牧诗更具凄凉、哀婉和眷恋之气息，不如韦诗之更为超脱。

与此对照，我心试想，《滁州西涧》生命意念的追求就在一"念"之间，幽草之生，黄鹂之鸣，春雨普洒，"人""物"已融，生命精神之舟已"渡"，这野渡渡人之处何须有人，渡人之工具何须之用，万千世界岂不就"自然"二字。遥想当年老子，有人说，天才注定了孤独、寂寞，出关而去，无人知其所终。《颜氏家训》里"藏名柱史，终蹈流沙"之语，说的就是老子曾为周朝柱下史，后西游出关，与尹喜蹈流沙去西域，莫知所终的事。不过，别悲观、别失望、别消极，其天地宇宙了然于胸的精神已留了下来，对于后来者多有启迪之意义且已为人类发展的历史所证明。

美感结构分析
——解读柳宗元《小石潭记》

从小丘西行百二十步，隔篁竹，闻水声，如鸣珮环，心乐之。伐竹取道，下见小潭，水尤清冽。全石以为底，近岸，卷石底以出，为坻，为屿，为嵁，为岩。青树翠蔓，蒙络摇缀，参差披拂。

潭中鱼可百许头，皆若空游无所依。日光下澈，影布石上，怡然不动，俶尔远逝，往来翕忽，似与游者相乐。

潭西南而望，斗折蛇行，明灭可见。其岸势犬牙差互，不可知其源。坐潭上，四面竹树环合，寂寥无人，凄神寒骨，悄怆幽邃。以其境过清，不可久居，乃记之而去。

同游者：吴武陵、龚古、余弟宗玄。隶而从者，崔氏二小生，曰恕己，曰奉壹。

　　读罢柳宗元的这篇写景散文，心里氤氲着一种莫名的情绪，聚之难拢，驱之不散，在那似"有"似"无"之间，忘怀不了"那"小小的石潭，这是何故？

　　在我们一般的阅读理解中，对作品的追究，有两个方面是极受重视的，其一，做"历史的"考察，比如，追究一下"这小石潭"到底在何处，竹、水、石、鱼等物是否与文中所述相符，同游者到底是谁，关系如何等等。并且，将"历史的"考察作为评价作品的重要标准，同时，也作为阅读的重要参照。其二，做"意图的"考察，比如，追究作者为什么"写出"这个作品，作者的各种情况（处境、遭遇、心情和具体事件等）怎么样，作者想表达什么等等。评价与阅读的标准与底蕴就是以作者的"意图"为最终的目的，谁把握了作者的"意图"，谁便了解和真正地欣赏到了"这部作品"。以上两个方面的赏析阅读趋向，在当今，被一些学者严厉地批评为"历史的谬误"和"意图的谬误"。这些学者认为，在面对一部作品时，去做"历史的"和"意图的"考察，并以之为标准，是有害于阅读的，使欣赏者产生"歧义阅读"。也就是说，在读者进行阅读欣赏活动的时候，由于要去追踪"历史的"和"意图的"趋向，使读者阅读欣赏的兴奋点不能很好地集中到作品本身，以致不能很好地欣赏到作品和领会作品内在深层的含蕴，甚至，有可能将作品内涵的精妙之处错误地化解为肤浅的或一般性的比附。批评是严厉了一些，但还是有些道理的。我们不一定完全赞同这些意见，但我们至少可以得到一点启示，是否可超越于"历史的"与"意图的"考察之上。为达到超越的目的，我们选取了——不同于"历史的"与"意图的"——"作品本身"为基点，使欣赏者的注意力尽可能地集中到作品上。"作品就是作品而不是其他"，这一点很有分量，因为，在"一部作品"里，我们也有可能把捉到带有文化的、人类的、民族的普遍质的"全部作品"的某种脉动，获得超越于"历史的"与"意图的"快适。从"一"而见"全"，见"微"而知"著"，恰如从一个细胞而全见整个生命体的活动一样。因为在"一"、在"微"、在"一个细胞"之中，已经包含了相当丰富完整的信息。"以一只普通的泡沫塑料杯为例，它是一种什么样的杯子？作为某种生活方式的一个组成部分，它暗示了这种生活的何种性质？它造价低廉，使用方便，无个性特征，不为哪一个人所专有。实际上，这只杯子对于它在其中占了一个自然席位的社会，做出了深刻而广泛的揭示——这是一个食用系列性快餐和冰冻食品的社会，是一个商品可以交换和转让，缺少个性特征的社会……当我们说到一只杯子的意义时，自然就会涉及它服务的目的或它具有的功能、它作为一个杯子所具有的个性特征、它在日常生活中的地位等。通过一件普通事物的关系意义，我们可以了解到它所属于的环境或世界的整体"（见〔美〕H．G．布洛克《美学新解》P321—322）。具体到文学作品，从"一"而见"全"的基础，也即它所属的环境或世界的整体何在呢？这一点，不同的学术流派有不同的看法。结构主义美学家罗朗·巴特概括为符号的"密码"。他认为文字本身并没有自然而然的意义，它们的意义即"所指"具有人为性乃至主观随意性，取决于约定的传统和习惯，后者可以称为符号的"密码"。批评家的任务就是分析把各种符号组织在一起的"语言规则"，从而了解、掌握这些"密码"，以便"破译"符号，明了它们的意义（见蒋孔阳主编《二十世纪西方美学名著选》下册，

P398—399）。哲学释义学的创始人伽达默尔则概括为"先验的预觉"。霍埃指出：伽达默尔不仅坚持文本的内涵性，而且还坚持那种关于对文本内容之真义的预觉，他说："不仅有一种给读者以方向的含义之内在统一性为先决条件，而且还有那种不断指引读者理解的含义之先验的预觉为先决条件"（见［美］D.C.霍埃《批评的循环》，中译本，P185）。也就是说，文本—作品获得阅读的价值是有其先决条件的，在具有意义的统一性指向使阅读的深入和显豁有可能的同时，还具有一种人们在相互之间"不用说"即可明了的潜在的设定。这种设定，其实已包含了文本—作品所属于的环境和世界的整体的各种基本因子。总之，不管其基础何在，当代的研究表明，从"一"见"全"已经发生或正在发生，以"作品本身"为基点进行阅读、鉴赏和批评，是可取得较好的效果的。柳宗元的《小石潭记》选自然景物为"题材"，行文构本有特色，我们以作品本身为基点的赏析可以具备某种普遍效应性的期待大约是不会落空的。

文学作品—文本是通过呈现为感觉的形式产生出来的，同样，通过对感觉的呈现，使我们把它作为赏析的对象来理解。因此，我们阅读《小石潭记》时的感觉，必然是感觉到了什么，内心的精神领域在一刹那间产生了许多的激动，甚至对立的感情。但是，不管感受是如何的繁复，在"字面上"，我们却是清楚的。因为文字的表达，必然遵循着这样三个基本原则：其一，概括性。由于任意词汇文字都带有一定程度的抽象性，是某种"类"的意味的表示，因此，文字表达必然地具有了概括性的性质。其二，线性。文字总是一个接着一个地"鱼贯"而出的，当然是线性的。其三，社会性。文字是属于人们共同拥有的，表达也就意味着交流，意味着将某些个人的东西"变"为公众的东西，意味着大家都来"拥有"某种东西，自然是社会性的了。"字面上"的清楚至为重要，韦勒克认为，"每一件文学作品都是一种特定语言中文字语汇的选择"。柳宗元的散文"字面上"的总体情形当如下。

导入……|景·鱼·人|……导出。

导入（"从小丘西行百二十步"）和导出（"同游者：……"）皆以"绝对的"实记形式出现，中心部分从听觉（"闻水声"）到视觉（"下见小潭"），进行描景绘神。这中心部分，由于导入导出是"实记"形式的，因此托出了其间的"空灵"，从而透出了艺术的意味。作者在导出前写到"记之而去"，甚可帮助我们体味"空"之含义。为什么要"记"，这是"文"的本义的一个要求，尽量地无所"指涉"，尽可能只注意到"文"的本身的意义。记，当然是记"过去"的事情，而这"过去"中，却由"记"而具有了"未来"质，另一方面，这"过去"因读者是处于"现在"的缘故，又被导入了进一步的"过去"之中，所以，这"记"包含了永恒性的可能，可以称之为"空"。这种种永恒性可能的动力，当主要是以作品本身的美感结构——内在张力和结构层次获得，后者尤为重要。

柳宗元散文的内在张力，来自于"无心"与"有心"或"分"与"合"的不能两全的悖论。小石潭无心成景，自然天成，故美景怡人，令人"心乐之"。乐之，便成了人的有心的慨叹，于是落入了凄神寒骨、不可久居的境地。无心的小石潭，处于"分"的独自自在的状态，由于"合"的相互交流的缘故（"闻水声"），才有了"乐"的产生。然而，

"合"之后生出难以言传的隐衷（"不可知"），使"乐"终不能成立。一方面，"合"的疲惫（能量输出）令人向往于"分"的独立自在；另一方面，"分"的凄寂（能量加大难以消解）又令人趋近于"合"的交流互换。"合"中有"乐"却又使"乐"倦怠而导向"分"，"分"中有"乐"却又使"乐"静寂而导向"合"的追求，这是一个悖论。"合"与"分"难以开解，其中充满了探索的活力。这个悖论构成了作品的内在张力，隐含了"人"的诸如"达"与"穷"、"关系"与"自省"、"对白"与"独白"、"物欲"与"纯情"等等矛盾（最具有民族性特色的，当是"入世"与"出世"的矛盾）。这些矛盾不消失，作品的内在张力就会存在，就会含蕴着"引人入胜"的可能性契机。

《小石潭记》的结构层次，有三个层面。其一，寻觅。作品在"导入"后写下了"隔篁竹"。这一"隔"字，表明了寻觅的开始。"人"总有一种"隔"的痛苦，我国的"抟土造人"的传说，就包含着"人"与"大地"相"隔"的痛苦因子；外国传说，"人"之初始为阴阳合一，后被强行分开，

"隔"的痛苦油然而至；或传说，初只有男人，后男人的肋骨被取下"造"了女人，这里，男人与女人便有了相"隔"的痛苦。由于"隔"，人们就总在寻觅"不隔"的境界，这种境界，或可言之为"理想""真理"和"涅槃"等等。寻觅，是可以获取"心乐之"的效果的，时髦的说法是"人生的目的就在其过程"，过程，当然免不了寻觅。《小石潭记》里的寻觅，因石奇、鱼空、水清和源遥而具有了一种迷蒙的、难以落到"实处"的性质，其间隐伏了一丝挥之不去的失落感。其二，清宁。寻觅中的那一丝失落感，是在达到了某种清宁境界后被强化的；或者说，失落感使清宁具备了价值。清冽的潭水中的鱼，"若空游无所依"，很超然，下澈的日光，使鱼儿"影布石上"，"静"与"动"之间，不知是"鱼"存在还是"影"存在。"往来翕忽"中，人们的感觉在视觉的瞬间印象里，是影在"动"？是鱼在"动"？是水在"动"？是光在"动"？还是人自己"眼花缭乱"？一时难以"判断"。此一奇妙境界，飘逸着庄子式的人生智慧的气息。这里有一种超凡入圣的意味，接触着"无"（相对于"有"）的安宁。

"鱼"与"影","静"与"动","实"与"虚"皆辐射于"人",使"人"的灵魂得到一种升腾或是"卡塔西斯"即或陶冶或宣泄或净化情感的体验。因言之,"与游者相乐"。可是,就在"人"的精神灵魂升腾的"高潮"中,自信的"人"难以自信,不敢相信"自己",诚如先贤所言,"人最大的困难在于认识你自己"。因此,"与游者相乐"加上了"似"的限定,这是一种失落,更是一个疑问。其三,逃避。"似"的叩问是深刻的、沉重的,预示着"至高境界"具有不可达到性。人们询问上帝的定义,最精彩的答案是"不可知"。正是因为不可知,人们才生出了敬畏、崇仰和臣服的心理,并因此而孜孜不倦地追求和奋斗,这已经是某种方式的逃避了,对于"可知"的现世俗尘和具体感觉感受的逃避。一般而言,人们在"可知"中,由于"自然界的压力,自身肉体的弱点和家庭、社会、国家及人与人之间关系的不安全性"等等而产生苦恼,继而产生出逃避的意向。逃避由低层次到高层次有"麻醉、抑制、升华和幻想"等等。柳宗元作品的逃避,具有双重性,在对"尘世"逃避的同时也逃避"文本"。令人凝神静思之处在于，逃避实际上包含了向往的强烈的动因。反过来说，也就是逃避是基于对美好"天国"的向往而做出的，以各种可能的方式去获得自由自在、和睦共处、无忧无虑的生存处境。"那个"小石潭，本是不用指实的形象，当是一个语言的"虚构"和"假想"，是柳宗元的小石潭，是精神的自我陶醉之乡。这"虚构"和"假想"，底蕴里包含着一个情感的模式，与人们的情感发生着共鸣，将生存的各种境遇、感触的某一可能引发人的高潮体验的点滴凝固成了语言的物态形式，也即文本。人们一旦接触"柳宗元的小石潭"，灵魂似在此得到片刻的宁息，暂时地"阻离"着与"尘世"的联系。语言—文本在这里企望哪怕极短暂地表达人与自然的统一。可是，语言是无法表达人与自然的统一的。无法表达却又不得不表达，既是一种人的语言（符号）的需要，又是一种生存的尴尬，文本于斯遭到否定。这"否定"，带来一连串否定，沟通了作品的开放性结构，完成了属于柳宗元，也属于读者的"幻想"。作品的"景"，透着竹、水、石、树的灵气，谐和而多有变化，摇曳而又深邃，由于"鱼"的渗透，"景"便苍白了，灵气被

"鱼"所吸附，趋向于消隐，"鱼"的"自为自在"使它自身变得举足轻重，然而，鱼的自为自在却是为"人"（游者）准备的，没有"相"（关系）便没有"乐"（价值实现）；再进一步，游者是操纵于"作者"的，作者事实上已凌驾于鱼与游者之上了，"他"在"人"的各种困惑中徘徊，是"真"还是"假"，是"有意义"还是"无意义"？当读者还在某种莫名的情绪中躁动时，已不知不觉地加入了"否定"的行列。面对作品，从"闻水声""下见小潭"的明晰，到"怡然不动"的停顿，再到"斗折蛇行"的复杂和"不可知其源"的迷茫，直至"不可久居"的拒绝，"否定"的脉络历历在"目"。这种否定，是对于"不可知"和"不可"的肯定，相当的深刻。

"当万有俱趋于寂灭之时，一些事情发生了"。发生了什么？可以明确的至少有这样一点：人类永远在叩问着自身的认知。片刻的闪光，已蕴藉了人生的普遍含义！

古典诗词审美分析的基本范式

——解读王之涣《登鹳雀楼》

被冠以"古典"的诗歌，其价值已不言而喻了。那么，古典诗歌具有永久性的艺术魅力包含怎样的结构呢？我们怎样探察它的奥秘的核心呢？两个问题组结到一个点上，就是我们在对古典诗歌进行批评鉴赏活动时，古典诗歌自身和呈现在我们面前具有哪些不同的审美层面，并且，这些层面的相互合力又将发生何许的变化或飞跃的问题。下面，我将以唐代诗人王之涣的五言绝句《登鹳雀楼》为例，对所提问题做出分析。

一

第一个层面，无疑是意绪的形式结构。这既是古典诗歌的外部表现程式，也包含了以此为批评鉴赏准则的批评者力图透视诗歌作者的思维痕迹和内心意图的努力。这里有一个我们熟悉的分析工具或方法，叫做"起、承、转、合"。其口诀是："起手不凡，承接自然，转　（或宕）开一笔，合陇把关。"一些分析古典诗歌的"教师们"，总少不了这"四字真言"。《登鹳雀楼》"白日依山尽"，起首抛出太阳与山峦，颇有气势；"黄河入海流"，由日连山再至大河，顺河而去，人们的视觉循序流盼，自然无痕；"欲穷千里目"，笔锋陡转，宕开一笔，不以视觉顺延，而从内心生发，加深眼前景致的意味；"更上一层楼"，既有第三句的思索，也有一二句的伸延，顿然间，作品便有了回肠荡气之感，令人击节相赞。起承于视觉（眼前景），转入内心之思，合于视觉的进一步拓展和内心思考的深化，既是实感，又发胸襟，恰恰在"起承转合"之间，妙！以往许多批评，对于此法抱有极大的期待，以为里面的程序，包含着作家的"构思"和作家创作的思维模式及作家当时当地的"感触"（情中景，景中情）的意绪流程，从而表达了作家的"意图"。这种期望，实属"意图说"的敷陈，也就是以挖掘作品内蕴与作家创作的思想含藉相吻合为高级的境界。古代文论家的感叹，"众不知余之异彩，见异，唯知音耳"，一直困惑着历代的批评者们，于是，要"见异"，见出作家（"余"）的独特微妙之处，用"起承转合"可以达到较好的效果。可见，对于意绪的形式结构的把握，主要是批评者和欣赏者惊叹于作家的创造智慧，并由此产生艺术感受和审美的张力。对于诗歌本身来说，意绪的形式结构这一层面无疑具有一种相当大的概括性，对引导"客观物象的形式"与"主观情感的形式"的契合，有一定的催化作用，也使欣赏者运用这个层面的框架而较为容易消除诗歌语言的一般"麻醉障碍"，获得欣赏的乐趣。然而，这毕竟仅是诗歌内涵的一个部分，并且，它在传统的批评鉴赏中对于"作家意图"的过分重视，以致在相当大的程度忽视了诗歌语言本身的审美沉淀和形式固置，忽视了接受者和批评者应有的主动性和创造性。

二

接下来，第二个层面，我称之为形式的审美空间。这是诗歌语言媒介自身具有的和体现出来的美感。诸如诗歌语言的声音、韵律、节奏、色彩、线条等等因素便属此。由于古典诗歌"在当时的"主要传播途径是"讽诵"，因此对于"声音"极为重视。声音的媒介由于韵律的作用，在形式的审美空间中呈现了一种"循环美"。中国古典诗歌的声音少不了"音数律"（五言、七言、杂言、四句、八句……）和"押韵律"（隔句韵、每句韵，一韵到底格。换韵格……）及"音调格"（二四不同、二六对，粘法、孤平……）三大块，十分完善，几乎到了无懈可击的境地。在色彩和线条方面也很丰富，比如《登鹳雀楼》里的"白"与"黄"形成的对比中的辉煌苍茫之感，就是引人注目的。"黄"色为人们所偏嗜，富有威赫和高贵的意味。更有趣的是"山"的纵向曲线、"河"的横向曲线、"日"的圈状线、"海"的平直线的形式感觉构成的审美空间所具有的形式美，令人叹服。那"大漠孤线直，长河落日圆"，被认为"似无理而细想又极合理有趣"的诗句，其"合理有趣"之处与形式的审美空间的联系非常密切，仅是横线、直线、曲线、弧线的构成，已足以让欣赏者流连。这种形式的审美空间，实际上正是等级性的结构的最佳表现，是诗歌语言的媒介与人的（视、听等）经验的结构和生命律动的形式形成的"互渗同等物"。欣赏者面对诗歌，在这个层面里被"形式的张力"所激动和制导，诗歌的内涵也由此通过形式媒介向外扩张，达到了审美深化的效果。意识到（往往是不自觉的）形式媒介本身呈示的美感的重要性，诗作者在这方面的"雕琢"也就尽心尽力了。古代理论家也有注意这一问题的（虽说并不那么自觉和深入），比如明代戏曲理论家王骥德提出的"意常则造句贵新"这一道理，就是偏重于形式的审美空间的。在这个空间里，是具有自在的审美性的，拓展着欣赏者的审美视野。当然，应该看到，这个空间的重心是落在主观感受经验之上的，具有一定的排他性、随意性，甚至糊模性，并由于作者或欣赏者的偏嗜而不尽人意，在"形式"与诗歌的整体内涵之间，"形式"往往是不可能穷尽内涵的，甚至有时还会"歪曲"内涵。这是形式审美空间的一个大的特点和局限。

三

第三个层面，是意象的排列组合。单个意象作为主观的意和客观的象的双向融合，本身具有一定的含义。这种含义虽然具有情感的选择作用，但情感色彩并不浓厚。然而当两个意象通过某种方式"联系"后，便可能产生新质，将诗歌的内涵推向丰富的审美高度上。一般来说，平行的排列与递进的组合是意象在诗歌中生存的基本方式，在各个意象的"意向相似"的合力中，各意象共同的特征得以突出，诞生了诗歌的整体审美内涵，并整体大于各局部之和。《登鹳雀楼》中，"日"与"山"，"河"与"海"的排列，突现出各意象的"恒定性"和"运动性"的特征，一种"悠悠的不尽之气"从中产生了；前两句与后两句的各意象的组合，更是聚合发力，含藉了一种强烈的躁动不安，把那"不尽之气"推向了极致。从诗歌语言看，各意象呈示"关系"的，是以"粘连"（用关系词，如"依""入"等）和"并置"（不用关系词，如前后句子之间）为主的，中国古典诗歌炼字（如"一字师"之说）的讲究，就包含了意象的"粘连"和"并置"关系的选择（应和与对抗）。为何"春风又绿江南岸"中"绿"字具有令人折服的艺术奇功呢？一个重大的原因就是，"绿"的多向性，即

"粘连""春风"与"江南岸"的同时，又"并置"于"春风"和"江南岸"之中；既有动态性（春天的渐进），又有静态质（春天的瞬时色彩），为其他"字眼"（也是意象）所不可替代。意象的排列组合的魅力是由意象积淀的"意向张力与应力的矛盾"所生发的，在"意"里有两点值得注意：一是个人性，具有瞬时性的特征；二是类的含藉，族类的和人类的，以长久性为根基。在"我与物""情与景""虚与实""无限与有限"之间的交融中，个人的瞬时感产生随意性而具有了诗歌的独特性和创新性；类的历久基底产生系统性而使诗歌具有了普遍性和稳定性，二者依赖着不可分离。贺知章的名句"二月春风似剪刀"，将"春风"与"剪刀"用"似"加以"粘连"，触景生情，随意而出，很独特；而"剪刀"之下潜沉的类的根基，"女红"的影像幽光烛照，于是"春风似剪刀"的婀娜多姿、女性的纤巧多情等等情愫全给嵌入于诗歌的内在意境之中。这里的分析，渐渐超出了意象的排列组合的范围。意象排列组合本来是有偏重于本文的倾向的，它的"升腾"，需要一些简易的分析工具的补充和阐释，也需要形式媒介的导向和助动。于此，前面谈及的两个层面理所当然地具有了交汇的强烈趋向，由于交汇，"超越"真正地产生了，而在交汇与超越的过渡线上隐藏着的，是经验。

四

最重要的经验，在批评鉴赏中，是直觉经验。人类发展史的历程，自始至今，都在积累着经验。有一些从有人类以来便具有了的经验，虽说没有用强理智的、明确意识的语言形式固定下来，但这些经验还是顽强地存于人的意识深处，并不十分清晰，然而却异常的丰富和非常的敏锐。并且，它的普遍性足以成为人与人之间产生共同感受的系统性基础。这就是人所共有的直觉经验。

由于经验的"沟通"作用，交汇便可能向超越跃升了。超越的重要地位是毋庸置疑的，没有超越，前面各个层面都将是毫无真正深沉的内涵意蕴可言的。为进一步说明超越，有必要把前面所谈的做一个整理，我用下图来表明我的思路。

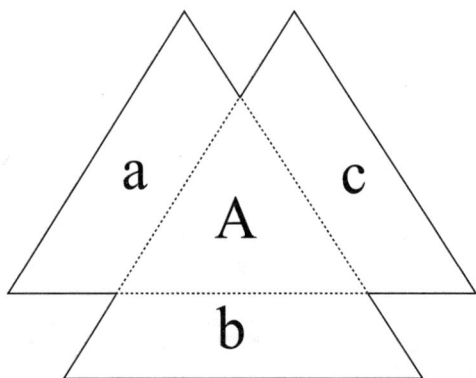

整个图形由a、b、c三个楔形纽成，a、b、c分别表示前面谈到的"意绪形式结构""形式的审美空间"和"意象的排列组合"三个层面；它们的顶端的叠合（交汇），就是A，表示了超越；那些虚线，是"经验"的所在之处。从这个图形，我们看到了a、b、c与A的既相独立又相联系的关系，表明了各层面与超越的微妙关系。具体说来，诗歌的超越所发生的质变和产生的新质，有两个层次的含藉：第一层是属于个人的，第二层是人的类的。

个人的超越在诗歌中，是以个人的经验为基础的，具有即时性特点，它从个人的感觉、体验、情感、情绪等等因素为基点向外辐射自身内涵的能量。

个人的超越是诗歌审美的重要来源，它把个体的人对整个宇宙、人生、世界、社会、情感等等的总体把握，观照和体验作为诗歌的内聚力，从而将个人的"即景即事即情"筛滤和聚合，使构建出来的作品整体最好地表现个人经由艺术的敏感而艺术地直觉到所有的一切。它力求将个人经验的独特性、混沌性、完整性、全面性和多层次性展示于作品之中。在《登鹳雀楼》中，第一、二句是个人的视觉经验的再现：从仰视到俯瞰。三、四句从视觉到体验，并转入深思，将个人面对日、山、河、海的感受表现了出来：在观看大自然时，个人的心灵在大自然雄浑苍茫而又冷峻沉寂的"运动"的感召下，个人直觉到了自然具有不可穷尽的神秘，发觉了个人的认识终是有限的，必须步步向上，探索未知的"世界"，从而达到了个人经验的超越。在诗歌中个人经验的超越，要运用各种手段，诸如简化原则、抽象原则等等，这使我们意识到，个人的超越是人的类的超越的第一步，它必将落实到超越的第二步上，才会产生真正的具有最广泛的吸引力和影响力的审美魅力来。

　　人的类的超越，在诗歌中，具有尽可能大的广度和深度，它来自于个人的超越，并由个人的超越来体现，又远远地盘踞于个人超越之上，潜沉在诗歌内涵的深底中，载荷着个人的超越在时间和空间上不断地延展。当个人的超越迈向类的超越时，个人的经验符合于类的经验是重要的关键。个人"说出的"，是类所具有、"心"里明白却未能"说出来的"。这里，"类的记忆"（包含着深刻的直觉经验）无疑是一个幕后牵线的角色。类的延续的漫长过程，精神感知的种种"细末尘粒"不断地飘散，抖落沉积，形成了一个庞大的氛围。每一个"现在的个人"，无不受此影响和制约，创作者和欣赏者在这里便有了某种程度上的"沟通"。"类的记忆"是相当暧昧而朦胧的，因此"沟通"在诗歌里变得模糊而多解，其程度的深浅，是由诗歌内涵的对于"类的记忆"揭示和"审美把握"的多寡粗细而确定的。"类的记忆"与诗歌内涵契合点所展示和体现的最重要内容，是民族精神。结合于"类的记忆"可知，诗歌作者生存于民族中，是民族的一员，由民族塑造出来的。因此，作者的一切都必定地带上了民族的特质。有人说："一切堪称为诗和艺术的东西，都应该是哲理的。"哲理，意味着普遍性，即具有人的类的，在诗歌中体现为民族精神的共同经验性。这也正契合了"诗歌是一种文化现象"的论断。在诗歌中，对于民族精神内涵的表现有两个重要特点（超越正好发生在这两个主要特点里）：一是民族特有的交流和表达方式，二是诗歌由于描述的是直觉和幻想的世界，具有不可穷尽性。当我们面对《登鹳雀楼》时，作品中奔腾着的民族精神的血液是鲜明醒目的。在我们民族的"类的记忆"里："白日"——原始崇拜对象，所谓"日使万物生"即是我们民族的信条，也有"万物生长靠太阳"的俗语；"山"——高凸而雄伟，凝聚了阳刚精进之气，也是被崇拜的对象；"黄河"——被誉为中华民族的摇篮，极其神圣；"海"——理想的境界，"海上有仙山"，极妙。这四个意象，无不带有亘古恒久的气息，它们之间的并列叠合和相互渗透，闪耀着民族精神的光芒，以气势不凡的、开阔博大的胸襟展示着类的情感和理性的波动。"欲穷千里目"——这是民族对于世界和宇宙的思考；"更上一层楼"——这是民族腾飞的自信和探索的永不休止！

对于超越，古人是有相当精妙的表述的，诸如

"韵外之致""象外之象""弦外之音""景外之
景"等等，便包含了超越的道理。这些表述的主要特
点是直接感悟式的，它舍不得扔掉所感悟到的"点点
滴滴"，因此，包容着非常丰富的批评鉴赏的内容，
但也正是如此而显得过于笼统，有时甚至产生了"说
了"等于"没有说"的现象。我在上面的分析中，
不惜"摔掉"一些东西（其中有些是有相当的价值
的），把批评鉴赏之路简化，虽说时有不圆熟之嫌，
但却具有分析的清晰性，对于古典诗歌内涵的把握将
会大有裨益。

转喻隐喻审美分析运用之探讨

——解读孟浩然《春晓》

一

　　面对同样一部作品，阅读者的理解和阐释多有共通之处，这是毋庸置疑的。但是，在解读过程中产生分歧，也并不鲜见。解读之分歧产生的原因，是多种多样、难以尽数的。对于"理解者""解释者"或是"研究者"来说，一个原因极为有趣，这就是，假定的接受对象不同，其理解、解释或研究就大不一样。理解的、解释的或研究的意义要"讲"（心里默默地"想"，也是"讲"的一种方式与设想的某种对象）或"写"出来，在这种"讲"或"写"的表达过程中，总会有一个假定的对象存在，"讲"给或是"写"给"某些人"（对象）。根据这对象的不同，极可能发生的情况是在此看来极重要的东西，于彼不值一提；在此可以忽略不计的东西，于彼却正是大做文章之处。反之亦然。其间，最具有代表性的对象有二，即"一般性对象"和"研究性对象"。与之呼应的，则是普及性敷陈和研究性分析。前者，主要面对一般的读者，其中理解、解释和研究的各种分歧仅是程度或量的问题；后者，主要是面对从事研究工作的带有专业特性的读者，所需的当然是与一般性读者各异其趣。

从对作品进行文本分析的角度来看，普及性敷陈侧重于转喻层面的串讲，只要将各字面单位的各个"意思"串接起来，组成一个大致可以自圆其说、指向基本明确的意义整体，其目的也就算基本上达到了；研究性分析则主要侧重于隐喻层面的解剖，字面的串讲不仅不是其目的，而且往往忽略不计，只当着是一个不言而喻的东西放在背景上。它要将字面下的含藉挖掘出来，在那些被一般性读者认为离题甚远之处下功夫，发幽显微、推陈出新。很显然，前者易流于"老生常谈"，后者则易失之"艰深晦涩"。明智的做法能否这样呢？将二者用某种策略结合起来，形成审美分析，对作品做出尽可能全面的思考和探究，使所理解的、解释的和研究的既能具有普及性和明晰性，又能具有研究性和深刻性；一方面提高一般性读者的鉴赏能力，另一方面开拓研究性读者的视野，深化阅读理解的领域。以上所言，图示如下。

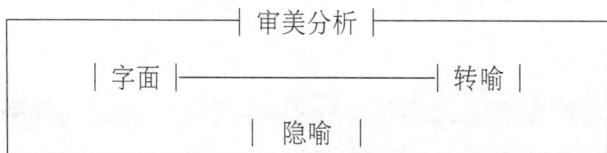

```
┌─────────────┤ 审美分析 ├─────────────┐
│  │ 字面 ├───────────────┤ 转喻 │  │
│            │ 隐喻 │              │
└─────────────────────────────────────┘
```

在这一原则指导下，我对孟浩然的作品《春晓》试做分析，以就教于方家。

二

孟浩然的《春晓》为五言绝句，全诗如下。

> 春眠不觉晓，处处闻啼鸟。
>
> 夜来风雨声，花落知多少。

在转喻层面上，所要进行的解析是先将作品完整地浏览，确定其大致的意义，并由此确定各字面单位的意思指向，然后进行"串讲"，同时做适当的"评说"。在这一层面上应当注意的是，不同的"起点"和"思路"会使所进行的"串讲"大不一样。产生这一现象的主要原因是与对一些个别的非名词性字眼的理会意向的差异有关。名词性字眼是相较而言容易取得趋向于一致的看法的。对于《春晓》，串讲时确定"春"（作为名词）的主题大约不会有多大的疑义，问题很可能出在对"觉"（非名词）的理会上。就笔者所见闻，有两种对《春晓》中"不觉"的理会很有意味：一是将"不觉"理解为"不知不觉"——这里大脑似应处在有意识的状态，但未主动去"觉"；二是将"不觉"理解为"毫无感觉"——这应是一种无意识的状态，思维在信马由缰。把这两种理会作为串讲的起点或思路，其串讲的意思会大异其趣。

其一，以"不知不觉"为起点进行串讲，整个作品趋向于清楚的叙述，层层推进，脉络明晰。作品的大意可以是这样：春天里睡眠是十分惬意的，睡着睡着，不知不觉天已经亮了，人也就醒来了。听一听外面的动静，到处是鸟儿的啼鸣。于是大脑里浮出昨夜睡时那风声、雨声不绝于耳的情景，不由人顿然生出怜春惜春的柔情——又该有多少美丽的花朵香消玉殒哦！

其二，以"毫无感觉"为基点，整个作品就很像是对梦境的描绘了，似断似续，有飘忽空灵之感。其大意可以这样串讲：春天里睡眠着实深沉，睡着睡着，并没有感觉到天已经亮了。迷蒙中生出幻觉（或是外面的动静所刺激引起的或是纯粹身体生理反应所引起的梦的反映），似乎四周都充满了鸟儿的叫声。由声音之类似联想引出风声、雨声，回旋在梦境的幽暗里。风雨之中飘摇的花瓣纷纷零落，难以计其数，令人心悸。

以上两种串讲，可以用同样一种评说来作结，比如这样的文字：作品起承转合分明，连绵婉转有致，通过对春的一个特定"景致"的描绘，细腻地表达了人们对美好的自然春光的眷顾，透露出一种但愿春长驻、花常开、美永存、人长和的良好愿望，使阅读者的情绪被深深感染，心灵被深深打动。

三

在隐喻层面做研究性的分析，作品整体上的字面意义的串联已不再是注意的焦点，它已被放到了背景上；各字面单位所具有的作用不再是横向直接的字面与字面的贯通，而是单个字面的纵向的启动。在这里，字面单位往往就是一个"意象"。要做的工作是探究"意象"的特定内涵，挖掘其隐喻的意义。

研究分析《春晓》时，可以从作品的"每一句"里取出一个"意象"（"字眼""单词"或"词组"）来加以伸发，看一看到底能够获得些什么。其一，"春"：一年之始，生的开端，万物初长，有勃然兴发之气。经由"春"这一字眼——意象的启动，可以伸发出诸如"春心、春情、春药以及（动物性的）叫春、嚎春"等等意蕴来。其二，"鸟"：飞翔之物，有自由自在之感。"鸟"这一字眼——意象所启动而伸发的意蕴极其繁多，涉情爱方面的尤为引人注目，比如"关关雎鸠，在河之洲。窈窕淑女，君子好逑"（《诗经》，雎鸠：水鸟也）；"愿为双鸿鹄，奋翅起高飞"（《古诗十九首·西北有高楼》，鸿鹄：鸟类）；"孔雀东南飞，五里一徘徊"（《孔雀东南飞》）；"在天愿作比翼鸟，在地愿为连理枝"（白居易诗《长恨歌》）等等。更为有趣的是，鸟与"鸟"（中国古典小说如《水浒传》里的"鸟人"的鸟）同形，将生理性因素引入了情爱之中。其三，"风雨"：风与雨同至，可有"翻云覆雨""风流""云雨"等等字句，其中隐含男女间之微妙情事，让人意识深处不经意地遐想。其四，"花"：生命历程中最炫丽耀目的时刻，同时也往往是令人眷顾、难以挽留的瞬间（"昙花一现"，乱红飞过，花折及时，莫待空枝）。衰落包含在最辉煌的顶峰里，欢愉赞美的讴歌便有了揪心之痛。"花"所伸发的意蕴不胜枚举，比如"梨花一枝春带雨""花容憔悴""花街柳巷""摘花人"等等，而从植物学的角度看，"花"本然就是植物的性器官，由此不就有可能暗含男欢女爱之意？

　　以上对《春晓》所列举的诸字眼、字句——意象所展延及隐含的"意思"——意蕴，其伸展辐射总是围绕着一个核心在进行，是由隐喻的整体性意义（与人类、民族的长久悠远的文化心理积淀相关）所决定。就一般分析而言，可列举的"字句"很多，但只有深层内涵之意的隐喻层面的意蕴趋向于核心（以某种民族文化心理意向为支撑）时，此类"字句"可得以"成立"并横向地构成隐喻层面的较为完整统一的意蕴，而其他与这个核心不相涉或关系不大者将被淘汰。由此细究，研究者可认为《春晓》的隐喻意义似已露出冰山之一角，大约，其真的是一种难以直言的情绪、情感的躁动，经由它的"字句"——意象的特定内涵的表达，导入了"性爱的暗示"之中，似乎，《春晓》描绘了一场欢爱，透露着人的心理—生理之本性—本能的感受。当然，这里也许就有了落入弗洛伊德理论之断言——"梦的世界基本上是一种性爱力的结构"——的俗套之嫌（似乎也难以回避）。

行笔至此，想到李白《赠孟浩然》。

吾爱孟夫子，风流天下闻。

红颜弃轩冕，白首卧松云。

醉月频中圣，迷花不事君。

高山安可仰，徒此揖清芬。

诗中盛赞《春晓》的作者——孟浩然，大有玩味之处。只说"迷花不事君"：君乃最高首长，迷花而不去为君做事，争得在世之名，可见此"花"非同小可。是"花草鱼虫"吧，说得过去，大自然嘛。是"花容月貌"吧，也不能说离题，"风流""红颜"之隐喻恐怕也是恰当的。但只偏重于一个方面就说不过去，佐证"寻花问柳"之"花"，也是在本义和引申之间。

四

这里所面临的问题是，想要完全地排除转喻和隐喻的含义相当困难，甚至不可能。公允而言，两者都或多或少有自己的合理性，有其实在的存在。然而，其各自的难以充分解释也是一个事实：转喻的串讲极容易流于肤浅而难免生出俗气，当浅显明晰到达了"大家"都能讲的时候，"串讲"还会有什么意义呢？而隐喻的深究则容易导致牵强（至少一般理解是这样），进而扑朔迷离、晦涩朦胧，甚至不着边际。把深究出来的东西做成了只有某个人才能够解开的死结，无疑会掉入骗人的或自欺欺人的圈套。

要解决这样的难题自然是极费心思的，令人满意的答案似乎很难找到。是否可以这样看，转喻是第一层，隐喻是第二层；转喻升华为隐喻，隐喻表露为转喻。这意味着，转喻的串讲性的东西是隐喻的深究性的东西的表皮，隐喻的深究性的东西才是内在的实质——是高明的东西。这看似不无道理，但至少有片面之嫌。表面上看，它似乎打通了转喻与隐喻的关节，将二者联系了起来，但是，其实际上所侧重的毫无疑问是隐喻，将隐喻作为了作品之世界的立足点。这无疑忽略了转喻本身独特独立的价值和意义。在阅读的实践活动中，确实有仅仅流连于转喻的串讲而获得愉悦或是深受"激动"的实在经验，那种时刻，阅读者根本不需要借助于任何其他因素的激动，仅是转喻本身就足够了。如果按照上面的看法，《春晓》很可能被变成纯粹的男欢女爱的曲折的表现或物化了的描写，这实在是难以让人愉快轻松地接受。

根据前面图表的思路，窃以为，要得出一个相对说来比较客观的判断，似应该把注意力放到"人"这个概念上，由此来理清作品所包含的意义价值的方方面面。这里，极重要的在于一定要把"人"作为一个综合的整体来理解，切不可分而解之。这个综合体里，最值得注意的有两点：其一，人是动物的人。在日常语言中，"人"常常是用"高级"二字来修饰的"动物"，叫作"高级动物"，说明"人"总然存在着动物性的一面。这意味着我们所知的各种动物性的东西（如食、色、性等等）或明或暗或深或浅会对人起着或大或小或直接或间接的作用。其二，人是文化文明的人。人之所以为人，这无疑与人的社会群体性密不可分——恰如马克思所言，在现实意义上，人是社会关系的总和。共同创造，共同奋斗，为了人的整个类的生存和生活得更好而努力着。这导致了能够思考的人具有"向善"的特性，并进而有了"爱美"的追求。上面两点，都是人这个"系统"的一个部分；部分的作用是由系统的整体特性所决定的而不是相反，因此，对人的动物性需求及刺激与人的文化文明趋向应同样地投注我们的注意力，不能偏废。

据此，在解读艺术作品时，对作品的转喻层面与隐喻层面都应予以重视，用隐喻层之含藉的繁杂丰富来弥补转喻层的显露浅直；同样，用转喻层的含义来纠正隐喻层的晦涩艰深，把握方向，避免牵强，以便对作品之内涵做出尽可能深厚透彻的理解。就《春晓》而言，转喻层的串讲是阅读理解的直接媒介，美妙的春之光景令人赏心悦目而又眷惜缠绵；隐喻层的基质使人感觉着某种应和着春的潜在的力量和冲动，它回映着漂浮的表层，令人难以尽言，并从中隐隐地获得某种来自于身心深处的快乐。是以，前者的明显与后者的深涩正好相辅相成、相得益彰并统摄于人的整体系统之中，生产出穷之不尽的美感来而可能使之千古不衰。

对柳宗元《江雪》的审美分析

千山鸟飞绝，万径人踪灭。

孤舟蓑笠翁，独钓寒江雪。

　　对柳宗元的这首《江雪》诗，历来评家几乎都在"峭"字的圈子里做文章。一是艺术画面的峭，比如"得天趣，独由落后五字道尽矣"[1]和"天然的景物，一经凑合，便成一幅极妙的雪景图"[2]等评说，以"天趣""极妙"形容之，即是如此；二是诗人秉性的峭，比如"诗作于贬谪永州之后，诗人的傲睨一切的性格也力透于纸了"[3]，"曲折地反映了作者在政治革新失败后不屈而又孤独的精神面貌"[4]，"刻画出了诗人清高孤独的品格"[5]，"诗人在空旷冷寂的画面中，刻画了一个迎风斗雪的渔翁形象，艺术地隐括了自己（诗人）在环境险恶、万罪横生的情况下，不肯屈服而又寂寞孤独的内心世界"[6]和"表现了诗人坚贞不屈而又孤寂悲凉的精神"[7]等等评说即是如此。另外，尚有"渔翁衰老凄苦之状""何等荒凉悲惨呵"[8]等不着边际的评说。印象感悟式的笼统点评，则有"二十字可作二十层，却是一片，故奇"[9]和"清峭已绝"[10]等等。以上各说，均难尽人意，缺乏一种深层次的情感和哲理意味存在的辨析。特别是将作品的意蕴驻足于诗人意图，甚至比附于一般浅表的社会生活现象，就不免有引人进入歧误阅读的死角之嫌了。有人批评说："探求作者用意，为何而写，反觉容易流于穿凿，实可不必。"[11]此言甚善。较详细分析《江雪》的，林兴宅恐怕是重要论者之一[12]，他将《江雪》的意蕴概括力"超世拔俗的心灵的桃花源"，诗人用"千山鸟飞绝，万径人踪灭"的诗句残酷地把读者的心灵抛进了空阔、静寂、死灭的宇宙洪荒之中，让它体验世界末日的凄凉，而"孤舟蓑笠翁，独钓寒江雪"则是"在惩罚了世俗的灵魂之后所给予的一点慰安"，"表现了诗人遗世独立的高洁"。评者笔势雄奇开阔，分几个层次论证自己的观点，面上和点上的开掘都有自己一定的见解。然而，把作品说成"惩罚"了什么又去"颂扬"什么就走火入魔了。尽管评者在"大彻大悟的禅境"和"遗世脱俗的幻梦"中透出了一些很有价值的消息，而最终把《江雪》归入"清高意识"中，便偏出了本来应该一直前往的方向，是以足惜。"清高"往往联系着"终南捷径"，有人批评说："遗世独立，卓然不群的自命清高，正是给自己抬高价码，换言之，也是对市场口味的一种投合而已。"[13]此言也许偏激些，然而也不能说完全没有道理。

在一片赞扬声中，也有人认为《江雪》乃平庸之作。清代大学者沈德潜《唐诗别裁》提及的"王阮亭尚书独贬此诗何也"即是一例。王阮亭即王士祯（王士禛），他倡导的神韵说，影响清前期诗坛近百年。他说："若柳子厚，'千山鸟飞绝'已不免俗……世人诔于盛名，不敢议耳。"[14]他认为："为诗且无计工拙，先辨雅俗。"[15]俗与雅是一对对立的范畴，"品之雅者，譬如女子，靓妆明媚固雅，粗服乱头亦雅；其俗者，假使用尽妆点，满面脂粉，总是俗物。"[16]俗与雅乃是由对象之内含的特质所规定的。他"最喜'不着一字，尽得风流'八字"[17]，主张"只取兴会神到，若刻舟缘木求之，失其旨矣。"[18]对于《江雪》，王阮亭正是觉察到了作品中某种"学说"或"思想"主张的意味，不纯然是"兴会神到"的产物，故不合"雅"（神韵）坠入"俗"而置之微辞的。然《江雪》确实动人，王士祯之说，为我们开阔视野，去思考深层次的审美因素提供了策动力。

闻一多说："就整个文化来说，诗人对诗的贡献是次要问题，重要的是使人精神有所寄托。"[19]无疑，这对我们研讨诗歌是具有重要的启发意义的。在浩渺无垠的诗歌海洋里，如果不从"精神有所寄托"的视角去审度诗文本，便难以品评出文本之真正意味来。并且，"作品的意义在于它所讲的东西之中，而它永远比它所由产生的经验说得更多一些，它说的是一个世界"[20]。同时，"诗说的恰好是难以说明的东西：人类以前的自然，存在的深度、密度和潜能"。[21]根据这一基本思路，我们进行具体的分析。

第一句"千山鸟飞绝"。山是静的物象，鸟是动的物象；千，言其繁多峻拔，飞，言其辽阔恢宏。山与鸟，一静一动是主体的直观对象；千与飞，作为形容修辞，扩大了山与鸟的涵盖面而让主体感受的触须延伸至宇宙洪荒之中。"绝"字的跳出，无疑是一个否定，是主体对自己的主观与自然（山与鸟）的关系的主动断绝。绝，意在对人的感觉的否定，"清静"眼、耳、鼻、舌、身感觉之五限。此第一层。

第二句"万径人踪灭"。径是人造物，路也，地上本是没有路的，走的人多了，也就成了路；人，是主体对自己的认识；万，言其错综复杂，人在自己的创造物前的迷惑；踪，言人的主体认识的寻求，人在创造对象与创造主体之间意识着自我，万与径则是主体意识的迷茫，人对自己的社会性的焦虑。于此抖出一个"灭"字，表现了主体对自己的意念毅然抛弃的态度，也即对意觉得"清静"，否定。此第二层。

第三、四句"孤舟蓑笠翁，独钓寒江雪"。蓑笠翁，即渔翁，一个在否定、也即超越了六觉（视、听、嗅、味、触和意）之后挺拔而出的形象，并由屈原遇渔父之典使渔翁含蕴了象征意味，可称之为具有定型指向的意象；舟，静中含动，是一个连接的工具；钓，动中含静，表现一种自满自足的状态，二者将"寒江雪"从感受的实引入了精神的虚之中，构筑了文本的自在世界；孤与独是限定性修辞，说明着自在的个体性，表现着精神的整体性，寓多于一，一中蓄多，个体意味着整体，整体同样意味着个体。第三句，静态中隐含着动态，有一种历史的纵深、历史的沉积和对历史的穿透感（渔翁象征意味的伸延性）。第四句，则动态中隐含静态，有一种"及时性"的平面凝聚和平面辐射而从尘界见洪宇的韵致。

在文本世界中，当人对五种感觉（自然属性）和意念（世俗属性）否定之后，宇宙人生剩下的只有"虚无"，也即恒定的"万古长空"。而作品却能"无中生有"，通过"舟"推出了渔翁，独钓于风雪扑朔的寒江之上，闪现了灿烂的"一朝风月"。无中生有是绝灭的必然发展和结局，是人对自身生存生命的透彻审视之后而得出的合理结论。"千与万"的绝灭，各种感觉和意念在精神的阳光下浓缩凝结了，转向了对更高层的"千与万"的"生与有"的寻求，从而转向了对人自身的灵魂深处的探视，进而发掘"孤与独"的价值，将"孤与独"推向了更高的精神抽象的哲理层次，把"万古长空"与"一朝风月"融为一体，使人生、生命达至了至美之境。"这个"渔翁的意义不再是屈原所遇渔父的简单翻版，他的独特性在于他成为了一个深深地烙印着屈原之渔父精神因子的普遍的、完整的、生命形象。通过"钓"，虚无中的渔翁（更高层次的生命意象）意识着他自身，表达着一种欣悦的生命观，将"无"提升为"有"，间接回答着那些困惑着人类的普遍问题，"人的生命是什么?肉体与灵魂有何关系?灵魂会消亡吗?有独立的生命灵魂吗?"等等。

至此，我发现叔本华的两段话似乎对《江雪》下了注脚："一个彻底否定求生意志的人，从外表看起来，他的确是贫穷、一无所有、既无欢乐亦无生趣的人，但心灵则是一片清澄，充满宁静和喜悦。他们不会被不安的生存冲动或欢天喜地的事情所驱策，因为这些都是强烈痛苦的先导；他们不贪图生之快乐，因为，喜悦过后往往接续苦恼的状态。他们所达到的这种心灵真正的明朗及平静，绝不会被任何人所干扰妨碍。""一般人在自己未尝无比的痛苦之前、在意志未否定自己之前，必须先毁坏意志，由渐而进地经过各种痛苦的阶段。在一番激烈抗争之余，当濒临绝望之际，倏然返回自我的人，即可认清自己和世界，

美
·
有
灵
犀

进而改变自己的所有本质，超越自身和一切的痛苦，进入无比崇高、平静、幸福的境域。"[22]当然，应该充分注意到，如果从叔本华的角度出发，势必得出一个生命悲观的结论，对生命意志全面否定，认为生命意志产生着永不能消除的痛苦和烦恼，宁静和喜悦只能是一种抑郁。对我们来说，《江雪》之境固然凄苦厉寂，但作品蕴含的积极的精神能量——渔翁是没有一丝一毫之愁苦味的，"他"相当倔强执着，而又清宁超拔，赋予生命以顽强的色彩，充溢着积极向上的、乐观的生命观念。其间道理，一是在于中华传统儒家思想的深厚底蕴给作品敷上的背景色；二是在于佛家思想的"无言"贯注；三是在于我们民族心理中对生命的不自觉的自信和洒脱以及对自然生命的深深眷顾。在生命的流程里，存在着一个意味深长的精神境界：当什么也没有之时，什么都有了。

注释：

（1）［明］高棅《唐诗品汇》。

（2）喻守真编注（唐诗三百首详析），中华书局1957年版。

（3）金性尧注《唐诗三百首新注》，上海古籍出版社1980年版。

（4）中国社会科学院文学研究编，人民文学出版社1978年版。

（5）马茂元、赵昌平选注《唐诗三百首新编》，岳麓书社1986年版。

（6）贝远辰选注《柳宗元诗文选》，人民文学出版社1980年版。

（7）柳宗元诗文编注组编注《柳宗元诗文选注》，陕西人民出版社1985年版。

（8）朱彤著《美学与艺术实践》，江苏人民出版社1983年版，P76。

（9）［清］蘅塘退士《唐诗三百首》。

（10）［清］沈德潜《唐诗别裁》。

（11）蘅塘退士编，陈婉俊补注，黄雨评说《新评唐诗三百首》，广东人民出版社1982年版。

（12）林兴宅著《艺术魅力的探寻》，四川人民出版社1985年版。

（13）戴士和著《画布上的创造》，四川人民出版社1985年版。

（14）《海洋诗话卷》（上）。

（15）（16）《然镫见闻》。

（17）〔清〕王士禛《香祖笔记》。

（18）〔清〕王士禛《池北偶谈》。

（19）郑临川述评《闻一多论古典文学》，重庆出版社1984年版，P110。

（20）（21）〔法〕米盖尔·杜夫海纳著，孙非译《美学与哲学》，中国社会科学院出版社1985年版，P166—167。

（22）〔德〕叔本华著，陈晓南译《爱与生的苦恼》，中国和平出版社1986年版，P40—42。

刘熙载《艺概》论艺术个性浅析

　　《艺概》是清末刘熙载的一部谈文论艺的著作，分《文概》《诗概》《赋概》《词曲概》《书概》和《经义概》六个部分。该书的文字并不算多，但其中论及和提到的文艺现象、种类、著述和人物、作品却是极其丰富的；并且，于繁复错杂之中，贯穿着刘熙载对于各种问题和现象的独到、精辟而深刻的见解。其中关于艺术个性的观点，正是该书中最具有独到见解的观点之一。

一

　　艺术个性也就是作家、作品的独特性，饱含着创作主体对世界客观规律的深刻睿智的认识，是创作主体对社会、人生和自我反复体味咀嚼的结晶。这句话，似可概括《艺概》对艺术个性的总体看法。比如，《艺概》说"六代之文，丽才多而练才少。有练才焉，如陆士衡是也。盖其思既能入微，而才复足以笼铻，故其所作，皆杰然自树质干"（上海古籍出版社1978年版，第35页。下引文，只注页码）。"自树质干"即是有个性，是此区别于彼、不同于彼、不混淆于彼的最重要的内在因素；是作家、作品成熟并"杰然"卓立的主要标志。要达到这样的境界，必须思能入微，对客观世界有深入细致的思考，体味社会人生之底蕴里的真谛，并由此形成自己的总体性看法，凝铸成精神世界的智慧的探针。基于此，创作者方能"才复足以笼铻"，把握住自己的创作活动进而创作出杰然而引人注目的富有艺术个性的佳作来。联系现实来看，早些年那种"千人一面，千部一腔"的创作和眼下某些人"赶浪潮、抢风头"的自以为是都必须摒弃。整齐划一和肤浅的自我标榜都是与艺术个性背道而驰的，它表面的热闹最终还是掩饰不了它内层里人云亦云、毫无主见的实质。《艺概》正是这样推崇有个性的诗人的，"正其（陆士衡）无人之见存，所以独到处亦跻卓绝"（第53页）。不人云亦

云，不仿效他人，执着于自己的艺术追求，陆士衡的
创作因其艺术个性而达到极高的境界。

不过，我们不能由此而断言艺术个性就是主观
随意性。"我想怎样说就怎样说"和"我表现的就是
我"并不等于艺术个性，某种程度上，它对艺术个性
的发展与形成是非常有害的。艺术个性的深层里，
自有其客观的基础并遵循着一定的客观真理和规律。
《艺概》在这一点上态度极其鲜明，决不含糊，正是
抓住了一个"真"字（即客观规律性）来阐发其道理
的。比如，《艺概》谈到赋时说"赋当以真伪论，不
当以正变论"（第88页）。谈到诗时说"诗可数年不
作，不可一作不真"（第55页）。"真"与"伪"作
为对立的范畴提出，可知，要判断是否真，就要看其
是否符合世界与社会的客观规律性。其他如"正"与
"变"、正统与非正统、同与异、典雅与俚俗等等文
艺批评的标准都应服从于"真"这个原则。顺理成章
地，艺术个性的最基本的原则当非"真"莫属。正因
为唯"真"是从，故《艺概》明确地说"词要清新，
切忌拾古人牙慧"（第120页）。自己的创作，当是自
身于大千世界中反复揣摸琢磨，力求符合客观的、历

史的规律而生发出来的，仅步"古人"（或可曰"权威"）的后尘，是死路一条，必当扼杀创作的艺术个性。然而，《艺概》对此并不绝对化，在古人的作品中，毕竟是积沉着"真"的，因此，应该辩证地来看待这个问题，同时，还应分清主次；"诗不可有我而无古，更不可有古而无我"（第84页）。任何一种偏颇，都将有损于艺术个性。这样辩证地来看问题，当是唯"真"马首是瞻的自然结果。

在"真"的基础上，艺术个性的表现是色彩纷繁而各异其趣的，浓妆淡抹总是相宜。作为评论家或理论家，应以"真"的态度去品评论说作家作品的个性，切不可以个人之偏好而有所偏废。《艺概》在这方面的态度是公允的，既欣赏阳刚之美，也欣赏阴柔之美。无论是"雄峻"还是"深婉"，都是一种令人称道的艺术个性。比如，《艺概》说"韩（昌黎）之论文曰'醇'曰'肆'，张（籍）就'醇'上推求，柳（子厚）就'肆'上欣赏"（第23页）。"肆"即雄峻的阳刚美，"醇"即深婉的阴柔美，二者皆可赞扬。同样一种艺术个性的表现形式，其间还允许有微妙的诸多变化，《艺概》有段话说"叔原贵异，方回赡逸，耆细贴，少游清远。四家词趣各别，惟尚婉则同耳"（第109页）。同样"尚婉"而又各不相同，自有其趣，并不因其在大范畴上的相同而抹杀了各家的艺术个性。创作者身手不凡，评论者慧眼独具，实在值得认真一学。

二

就一般道理而言，如上所述，艺术个性的形成与创作者探察世界、体味人生是密不可分的。然而，这还不能说明作为创作者的个体的具体情况，也就是文艺创作的特殊规律。那么，一个创作者要具备什么样的条件和怎样去努力才形成自己的艺术个性呢？《艺概》依据于大量的实例、丰富的资料和精确而敏锐的剖析提出两点：一曰"炼神炼气"，二曰"炼字炼句"。"文以炼神炼气为上半截事，以炼字炼句为下半截事，比如《易》道有先天后天也"（第24页）。将炼神炼气，炼字炼句以"上半截事""下半截事"与"先天""后天"名之，是一种理论上的划分。在实践中，二者实际上是水乳交融，密不可分的。

在《艺概》中，"炼神炼气"包含的主要意思，大抵有这样两点：其一，在形而上的层面上，文艺创作者应当"与天为徒，与古为徒"（第133页）。天，似可理解为客观世界；古，可理解为历史（古人、古籍经典作品、已有定论的权威之见等等）。向客观世界、历史学习，是炼神炼气不可缺少的功夫，不过，应当特别注意的是"天，当观于其章；古，当观于其变"（第133页）。也就是说，对客观世界应当观察体味其规律，注意其含藉的必然性因素；对于历史，则应注意它的"变"，看其是否适宜于当时代的具体情况，以当今社会发展变化的规律为准则去向"古"学习。其二，在具体的人生经历中，应深入生活，细心体味人间的各种情感和感受。只有深入生活实际，增加自身的"知与闻见"，才可能作诗，作好诗。"诗有外于知与闻见者耶"（第85页），创作者只有在"知与闻见"中才可能"……我亦具物之情……物亦具我之情也"（第55页）。达到主体与对象在"情"上的交流、渗透和融会。《艺概》进一步指出，在创作中，"代匹夫匹妇语最难，盖饥寒劳困之苦，虽告人人且不知，知之必物我无间也"（第65页）。文艺创作应当为饥寒劳困的下层普通民众说话，诉说他们的喜怒哀乐。这不是浮光掠影，说几句漂亮话便可解决的。必须深入下去，在"物我无间"即主体与对象的融汇之中才具有可能性。另外，炼神炼气还应该"群书之宜博"（第184页）和"好学深思"（第3页），在踏踏实实的学习和思考中将客观世界、历史和生活融会贯通起来。简言之，神与气是在"涉览既多"（体验、体味、学习）和"会心特远"（思考、理解、领悟）之中磨炼而深化提高的。

在"炼字炼句"方面，《艺概》涉及作品的语音效果、字句组合和段篇铺排等问题，这自不待多言。但仅以此来理解"炼字炼句"是有违《艺概》之原意的。炼字炼句作为创作的重要基础之一，提出以下两点来检讨或许是极有意义的：其一，应充分熟悉和把握各种文体的属性，以便准确而全面地表达自己想要表达的东西。文体作为"字、句"的最重要的方面之一，是有其自身的规律的。各文体有各文体的特性，相互间各有所长不能替代。甚至，在某种程度上，文体具有决定性的作用。《艺概》这样表述道"文所不能言之意，诗或能言之。大抵文善醒，诗善醉，醉中语亦有醒时道不到者。盖其天机之发，不可思议也"

（第80页）。"文"与"诗"这两种文体是各有特性的，一"醒"一"醉"，自有擅长。极而论之，出于"天机"即来自于某种奥秘之处，实妙不可言。创作者要想形成自己的艺术个性，不能不认真刻苦地在这方面多加磨炼。"体本不同，文质岂容并论"（第18页），《艺概》的结论是毫不含糊的。其二，"炼字炼句"并非仅仅流连于语音效果、字句组合、段篇铺排和文体属性，它应当入于其中而出于其外，"炼"至"化境"才会生出真正的艺术个性。这与《艺概》对艺术个性的总体看法是统一的。"此如人饮水，冷暖自知，原不必字摹句拟，类于执迹以求履宪也"（第35页）。明智的态度是"属辞之妙，去来无端，不可纵迹"（第53页）。字摹句拟是为了"不必字摹句拟"。从摹拟发端达至"去来无端"，此乃"炼字炼句"之精髓所在。其间包含的道理，似可表述为：从学技巧到有技巧再到"无"技巧；从不圆熟到圆熟再到稚拙，以"自知"为其归结所谓"锻炼而归于自然"（第69页）是也。

由以上所述可知，"炼神炼气"的重心在于创作者的内在修养，"炼字炼句"的重心则在于创作者的外在表达。但二者即"上半载事""先天"与"下半载事""后天"是相互影响，相互作用而辩证地存在着的，并且，二者往往浑然一体、相得益彰。如果某一文艺创作者既有良好的内在修养，又有高超的外在表达的话，其作定是杰然美妙的。《艺概》对韩昌黎的评说即是一例。一方面，"昌黎长于质"（第67页），这是内在修养的呈露；另一方面，"质观昌黎诗，颇以雄怪自喜"（第63页），这是昌黎之自喜，也是《艺概》对昌黎之外在表达的肯定。因此，昌黎的"《山石》一作，辞奇意幽，可为《楚辞·招隐士》对，如柳州《天对》例也"（第64页）。"辞奇"与"意幽"融外在表达与内在修养为一体，表现了极高的艺术个性，理当赞赏。

还值得认真一提的是，《艺概》并不因为强调了"上半载事""先天"及它们与"后半载事""后天"的两相融合而完全地否定了外在表达在某些特定情景下的独立的审美作用。外在表达的本身，也是有可能获得独立的艺术个性的地位的。比如，《艺概》言及蒋竹山的词时说道"未极流动自然，然洗练缜密，语多创获……其亦长短句之长城欤！"（第112

页）。因"语"（外在表达，单纯炼字炼句）的创作，得"长城"之誉，这是意味深长的。《艺概》又说"一转一深，一深一妙，此骚人三昧。倚声家得之，便自超出常境"（第114页）。依语音效果便可"超出常境"非比一般，对外在表现的炼字炼句的独立作用的重视于此溢于言表。

在艺术个性的形成过程和表达呈现之中，文艺创作者还应遵循一定的伦理道德的原则，必须具有做人的人格和骨气。这是贯穿《艺概》的一个总体的指导思想。做文就要先做人，用血才能写成血性文章。这里，容不得半点虚伪。那些矫揉造作、掩饰矫言的创作是不能让人容忍的。《艺概》斩钉截铁地提出"'真率'二字，最为难得"（第159页）。将"真率"评之为"最为难得"，可见《艺概》的良苦用心。一个创作者，如果缺乏肝胆相照、坦诚相见的胸怀，缺乏敢于直面现实社会、人生灵魂的勇气，缺乏"独挺于流俗之中，强攘于已溺之后"（第62页）的人格和骨气，岂能谈"真率"二字！基于这个前提，我们方能更好地理会《艺概》所言的"文莫贵于精能变化"（第25页）之语，有了人格，作出的"文"有血性能真率，并切中时弊、合于时用、应乎时事、与时代历史潮流相吻合，无疑这当是"精能变化"的要义之一，自是难能可贵的。我们于此似乎明白了一个道理：真正的艺术个性的重要根源只存在于火热的现实斗争生活中而不存在于其他任何地方。

追逐生命的火焰
——梅尔诗的一种文本解读

    人类社会是从文化的土壤中生长起来的，优质的文化土壤才能长出最优秀的文化。诗歌是优质文化土壤中最精致、最核心、最重要的元素。浩浩荡荡的人类文明史，华夏第一部古代诗歌总集是为《诗经》，这是中华文化生长的一个重要根源。以"诗"为"经"，"关关雎鸠，在河之洲。窈窕淑女，君子好逑"——以生命的萌动开篇，是人类历史总结的大智慧。只要人类还存在，只要生命还在延续，诗歌之花就一定灿烂。读梅尔的诗，就感觉生命无处不在。诗人从宇宙洪荒与自然景观的混沌中窥见了生命的秘密，在有机物与无机物的融汇中窥见了生命的真谛。当然，如果仅仅如此，也用不着我多费口舌，触动灵魂的冲击力还在于，梅尔诗世界映照于现实世界所含藉的、深刻的、以生命为内涵的批判精神和价值追求的诗意的表达。

亿万斯年生命凝聚绽放绚丽花朵

似乎，当今生活于都市的人们，"雾霾"是一个挥之不去的标记。此间，无可逃避的命运，给追求自在之物境界的人，套上了一个颇具挣扎感的紧箍咒。诗人梅尔却意外有幸，因为一个项目的原因，来到中国诗乡贵州绥阳这个"裸浴"之地，已经多年不写诗却居然诗兴大发，短短一年多时间写了三百多首，或可称之为诗歌界的一个奇迹。

大自然亿万斯年生命凝聚，在这里绽放出目不暇接的绚丽花朵，这正是人类生命的底色，诗人不知道"把铅华洗在哪里/才不会弄脏她绿绿的衣襟"的时候，找到了绥阳的"清溪湖"。在清溪湖的怀中，"忽略了四亿年的寂寞/四亿年的雷霆的脚步/在你青花瓷般的目光里/我读懂了远远的诗意"。四亿年沉淀的生命之花，如"一道彩虹/横跨四亿年的时光……我呼喊你，像前世呼喊着今生"。这种对清溪湖的真挚情感和执着精神，实质上是对当今人类生命回归本真的炽热呼唤。试想，如前世呼喊着今生的呼唤是一种什么样的呼唤？不正是一种跨越生命本体的呼唤吗？这一声呼唤横跨了四亿年啊！于此，"今生来世的一见钟情"的清溪湖便享有了图腾的意味，比附于高行健，这可不正是梅尔的"灵山"。形象之生动，表达之精准，情感之真切，都充满了诗意，彰显出诗歌独特的魅力！于是，"我在你青花瓷般的手势里/读懂了乡愁"。

诗人融入自然之中，寓乡愁于景观，直至物我两忘，于是有了一种信念。"我知道你不会转身离去/为了这一刻我等待了几亿年/我努力有一个纤细的腰肢与美丽的长腿/我缓慢地爬向你/带着所有的泪水、记忆、伤痛和柔情/我等到了你的抚摸/你的令人战栗的关注/以后/天天/日日/我活在你的镜头里/深情地注视你的岁月/只要这一刻没有错过/可以抵挡下一个沧桑的亿年/四亿年前我长出了舌头/是为了今生与你的对话/可是/在你的光芒里/缄默就是最好的表达"。这是诗人写双河溶洞组诗里的一段，是一种"寂"——另一种开端的智慧。诗里的"双河洞"这个"象"即便化为一位情人，在细腻、柔软、动情的表述中，都是沧桑坚执的底蕴。面对你的光芒，我居然哑口无言。此时无声胜有声，李白"相看两不厌，只有敬亭山"的名句轰然于耳畔，在清溪湖的绝景与诱惑中，诗人进入物我两忘的境界。所以，我们才看到了《双河溶洞》组诗中的《晶花洞》，看到了洞中那些石头被遗忘，看到石头里长出了另一种石头，感受到石头以另一种形式抛弃了自己，体悟到石头盛开成自己晶莹的花朵，倔强的生命之花自然绽放。"清溪湖"和"双河洞"俨然成了诗人心中的图腾，忍不住便又想起差不多四十年前蒋希文先生七律《西园》的首联："同看明月三生影，各有名山万古心。"

对生命本真的深切体悟，来自诗人长期的思考和特别节点上的体验。《目光之内及之外》中写道："江河从肩头流过／我匍匐成一条蚯蚓／在大地的怀抱中不安地／屈伸。"诗人形象表达了亿万斯年中人的生命的一种形态和焦虑，反映了个体人生命在大自然面前的微不足道，甚至可以"没有一个季节盛得下我们"。但是诗人的理念和意志在于，"我必须加进去""然后扔掉门槛"，由此将人的生命生长通过自然本体以实现自身生命的价值。想不到的是，这首诗乃1989年所作，诗人豆蔻年华，却对生命意义已有深刻的体验和认知，处处散发出与生俱来的顽强与不屈。诗人在《高空颠簸》中写道："每一次/都抓紧扶手闭目祈求/用一秒的时间回忆一生/感谢要感谢的人/原谅要原谅的人/最后请求上帝宽恕自己/在空中等待判决。"乘飞机在高空遇到颠簸，是一种因人而异的特别体验，重点是对于"未知"的恐惧或曰"猜测"，祈求、原谅、宽恕、判决，诗人"用一秒的时间回忆一生"，实际上是将生命压缩在一个一秒钟的平面上进行审视，"像在墓地转了一圈"，以"向死而生"的理念，把生命摆在死亡的前面来观照、来评判，触发了善待每一个生命体、宽容所曾遇见的每一个生命对象的慈悲之心，理应善待所有生命。诗人对生命关怀的刻骨铭心的洞察力跃然而出。

深刻的思考，执着的追问，在询问、质疑中，以屈原《天问》式情怀，凸显了亿万斯年生命凝聚绽放绚丽花朵的主题。诗人对于什么是人的生命、什么是生命本质、人的生命应该具有什么价值的深沉的叩问，对自己当下生命存在的状况生出深深的疑虑并由此进入对生命价值的反思。这是一种"梅尔式"体验和追问。当钱已经成为一个数字之后，人不仅会感受到做一个企业家的责任，更领会到时光飞逝。钱，可以再挣，而灵感错过就再也没有了，必须搞明白什么才是一个人的精神世界和灵魂深处最重要的东西。其实，这个东西可以称之为"信仰"，其内核就是生命及其应有价值，尽管诗人没有说出来。诗人西川说在这个乱糟糟的世界上，梅尔相信好人和上帝，相信一阵微风掠过必有其内涵。其实这个内涵就是生命及其应有的价值，尽管西川没有明说。

凝固的生命乐章与流动的生命雕塑

梅尔说："诗歌一直是我生命的灵粮，只有诗歌才能帮助我完成美妙无比的灵魂飞翔。"正是飞翔的灵魂，成就了梅尔的诗，在其人生历程的演绎中，似乎听到了凝固的生命乐章，看到了流动的生命雕塑。

创业是生命存在的一种状态，成为梅尔的诗。在《再度创业》中，诗人写道："把别墅的阳光装进日记/把脚步里迈动的都市繁华印在箱底/在攒足了一点力气之后/重新回到田埂/把饱满的稻穗装进筐中。"从别墅、都市到田埂、稻穗，把乡村、故土、乡愁永远当成"再度"的起点和疗伤的归宿，把远方永远当成下一个脚印，再度的创业完成了一种生命生存状态的转换。

这种转换后的生命生存状态，是诗人生命本真的回归和欣悦。"骡子们在另一块田野里越跑越欢/唯有土地和油菜花/生生不息/气香不止"。此景此情，诗人感叹："遇到你之前/以为自己很幸福/不知道都市的空气/米糠一样难以下咽。""遇到你之前/失眠只是一张烦躁的纸/可以翻过去可以揉一揉扔掉/现在无眠的夜里/每一分钟我都在给鞋加装火药/希望在崩溃前/能有力量/把自己发射到你的身边"（《绥阳印象》）。"发射"这样的修辞挺夸张，这样的想象够丰富，充分体现了对生命欢愉的痴情与依恋。"我立在一支竹篙上/飞到你的面前/这薄雾缭绕的群山/开满野花的小径/我把铅华洗尽在哪里/才不会弄脏你绿绿的衣襟"。于是要将清溪湖打造成一流的风景区，实现"虚"与"实"的融合，知与行的合一，给诗歌赋予实体生命，给生命奏响自然乐章！诗化的"清溪湖"，其内涵可让人获得只有在宗教里才体会过的平静和喜悦。在诗人眼里，或许，大城市的月亮就在房顶蹭着，并不理会人声的鼎沸，苍白的绝望挣扎着，始终长不出翅膀，遥望山里的客栈，或许飘一朵好奇的彩云，亲吻静谧的清辉。

由此，批判与讴歌，生命畅畅快快淋漓尽致的追求，表现得极为鲜明。诗人在《毒药》中写道："波西米亚的裤洞渗出盐来／叼颗烟／整个北京／烟雾缭绕。"在《炎热的午门》中："炎热的午门／活吞了八月中暑的／络绎不绝的傻瓜。"这两首诗寥寥几笔，入木三分地刻画了在都市中生活的烦恼和生命在都市中的不堪重负。诗人情有独钟"清溪湖"最重要的原因是，"幸福在于我们从不需要购买空气"。于是在《梦回清溪湖》中遐想："我可以不再醒来／躺在一朵棉花里爱你／只要你心如翡翠／我便在短壁的瀑布和青苔里／再守你亿年。"在《温泉》中净化："可以全裸／躺在自己的泡池里／让灵魂自由／如没有形状的水。"这些诗句独特的表达、富有张力的诗味，无论是诗歌领域还是美学范畴，让多少人自愧弗如，贵州一位很"狂"的所谓"十大诗人"看罢梅尔的诗，由衷感叹"在我之上，我不及她，她让我学会了谦虚"。诗人对"清溪湖"的感情、真情、深情、真心、真格，其中蕴含的让生命能够自由伸展的文明形态的向往，岂可不引发阅读者强烈的情感共鸣和灵魂震撼？

生命的深刻悲伤和悲伤中的欣悦

诗句悖论的叙述，比如"燃烧的鱼"，使梅尔诗含蓄着深刻的超现实主义的意味，由此消解惨烈的生命历程而生出审美观赏的愉悦。

心灵是生命中最敏感、最柔软的部分，听听诗人的诉说，"我孤独地把夜坐尽／心中的波澜无人能懂""我像一只虚脱的瓜／被丢在田里""像一只并不饱满的洋葱／每剥一片／都可能泪流不止"。这些诗句让我们感到诗人生命深层的疼痛与无奈，我们不禁追问，怎么连这样内心坚不可摧的朝圣者也有孤独、苦闷、彷徨、泪流、舔伤的时候？"我和我在帽檐下对话／凌晨两点／教堂的钟声响起／在家徒四壁的心中"，一种生命的深刻的悲伤力透纸背。当繁华落幕，所有的灯光都暗淡下来，心，落满了尘埃。鲁迅说，悲剧就是将有价值的东西撕毁给人看。由是审之，诗人直面心灵深处的困境，其"直面"已是一种坚毅，以诗的表述，显现出悲剧之美。朝圣在路上，诗情在胸中。

亲情是生命中与生俱来的部分，是DNA的血脉连接，是个体生命无以逃脱的宿命。在《沉沉的家书》中，诗人宣示着承诺与无奈："我把整个屋子邮给你们/亲爱的爸爸妈妈/这里聚着我四年的呼吸/所有的艰辛与泪水已经晾干/而且我精心拭去了忧郁的灰尘/如今我在遥远的都市疲惫不堪/曾有的理想也暗淡流失/我要长成爸爸的一棵树、妈妈的一面旗/夜晚我孤零零地陷入寒冷/最后像一片无家可归的云/瘫在都市的上空。"诗人立志要做爸爸的一棵树、妈妈的一面旗，可最终成了都市空中无家可归的云。皆为"都市"之过啊！诗人站在支离破碎的翅膀前，泪水滂沱失声痛哭。于是企盼结手螳螂（《枯坐的螳螂》）："老去的亲爱的螳螂/我的心皱纹密布/我们是否可以结手/共度一段美好时光。"似乎，追求自由的生命注定了孤独，其中却有一种妙不可言的痛并快乐着的酸楚，充满了无可奈何的黑色幽默与意味深长的忧伤。诗人对于《大伯》的叙述令人揪心："大伯在一个平常的夜晚/被一口涌起的痰堵住了去处/泥墙上的手印孤独地向下滑去/大伯蜷缩的人生就像/那口喘不匀的气/苍白而打满补丁/大伯的儿女们/雨后春笋般成长起来/这是大伯唯一的欣慰。"这种欣慰是基于生命的延续，是对生命内涵具有超越性的领悟。

　　个体生命的成长，总是循着时间的轨迹，在时间的远处，生命是如何充满了哲学式的沧桑。诗人这样看待《一个小时》："一个小时的路程/从生走到了死/从白走到了黑/从河湾走到了大海/从母亲的指尖/走到了上帝的面前/一个小时/从尘土到尘土的时间/从地狱到天堂的时间。"立体的生命时间过程，被挤压到一个平面上，像是我手里正在阅读的一张纸。正如《心脏》："你一定从不休息/像那些不知疲倦的星星/最后你只有选择停止/把时间固定在时间上。"当"功成名就"于一个时间节点时，却发现，粗布的纹路，一直艰辛，像儿时的田埂，处处有毒蛇的陷阱。当终于可以安静于一个时间节点时，远离日新月异的科技和虚情假意的车水马龙，终于可以沉入水底，摸一盘儿时的鱼虾，报答老爹老娘的老泪纵横。一点一滴，半丝半缕，却何以轻松放下过。"直到有一天/我的手稿变成了古迹/人生鼎沸/词语落在耶路

撒冷的街道/我用头巾/包扎前世的姻缘/我倒在异乡/
以为那是爱人的怀抱/寒冷的风里/丝绸满地……"

　　个体的生命总是直接呈现于现实生活的图景中，
生命的记忆，总是装满乡愁和善美，这才是一种诗意
的栖居。而诗人眼前的现实景象：村东竭泽而渔，村
西杀鸡取卵。水泥路铺到了乡下，土里的虫子无法呼
吸。诗人焦虑："每天都有新人的喜酒/每天都有旧
人的哭泣。"这"新人"与"旧人"是事物的一种指
代。于是，诗人在《黄昏》中追问："飞驰的田野
哪去了/红红的落日哪去了/袅袅的炊烟哪去了/那喊
一声让你心跳而喜悦的狗吠/哪——去——了？"由
此，诗人以对比的方式呼唤本该属于生命自在属性的
呈现。请看《被剩下》："时尚流行/质朴/被剩下；
欺骗当道/忠诚/被剩下；小三得宠/发妻/被剩下；娱
乐肆虐/诗人/被剩下；新闻时代/历史/被剩下；你
不在/我/被剩下。"诗句里对于生命存在的真与假、
善与恶、美与丑的品质抑或道德的判断，是不言而
喻的。"我/被剩下"，是因为你，不在。批评与调
侃，将现实的沉重转化成了审美的轻松。

　　"英雄的血液是历史的河流"，深藏着历史的沧

桑和磅礴的苍凉，充满了对历史的生命哲学的思辨。诗人那种对历史恢宏的冷峻与反思，用英雄的落花，成就陵墓的辉煌与从容，一个掺杂着血泪的梦想，越过战争与死亡，深入历史、穿透历史，甚至超越历史，在历史的伤口上编织出一朵朵如鲜花般的微笑，何等"谈笑间，樯橹灰飞烟灭"的流光溢彩的生命闪现。"我坐在你的宝座上/读着一个亡国的故事"，磅礴气度，大师风范！在痛快淋漓的荡气回肠间，仿佛"石头里流出苍凉的血来"，"那沉默的头骨喂养了多少长鹰？""在历史的灰烬中/寻找石头斑驳的耻辱与辉煌/文字的秘密藏在一个隘口/亡国之血/涂抹在石头的面包上。打开头颅里没有记载的杀戮/打开沙漠里尘土飞扬的哭泣/打开，一颗血淋淋的心/打开，夜里石头的伤痛！/你沧桑的脸颊上/留下我今生颤抖的指纹"。梅尔在《苍凉的相遇——马丘比丘》中，通过石头被遗忘、被发现，穿越时光，缅怀古老的印加帝国，表达了对历史的深刻反思与追问，雄性、激情和力量，坚硬的时间刻刀，在苍白的脑袋上，琢出血红色的历史，借助于诗的翅膀，存载着人类生命的记忆飞向一个个未知领域。诗人将漫长的历史压缩到瞬间，生命火焰在悲壮的历史中惨烈地燃烧，将过往历史形成的文明成果毁迹于灰烬，归之于"寂"，却也正是柳宗元"千山鸟飞绝，万径人踪灭。孤舟蓑笠翁，独钓寒江雪"的哲学意蕴，由此顿悟而感慨和追忆生命的过往，并开启着一个个新的生命起点。

熊熊火焰燃烧中的生命再生

"诗歌，无疑是诗人走向精神金字塔的美丽通途"（诗集《我与你》自序）。对相信上帝的人而言，诗是最接近上帝的。把亘古不变的自然景观雕塑出生命的流线，绽放出生命的火焰，构建出一个诗的世界，让诗的意境和内在价值引发读者无限的想象与慨叹，这是梅尔诗独特的魅力。或许，对于梅尔，可能更倾向于自然文学诗人。程虹在《宁静无价》一书序言中写道："自然文学作家的作品实际上是人类心灵与自然之魂的沟通与对话，人类内心的风景是由自然的风景养育滋润的。"而梅尔诗的一个重要特质正在于此。

诗人全身心投入于自然景观，表达对人类生命基本价值的守护和承诺，将其异乎寻常的注意力于此集中，在自然景观或热切或冷峻的叙述中，灵感爆发！在对自然世界的独特感受中，借助时光隧道，将眼前司空见惯的物象，不是做简单的堆积和罗列，而是穿透固有概念思维，深入每个意象的本质，以揭示其蕴含的文化意义和生命内涵，探求其内在含蕴的真知灼见，激发生命向往的真正自由。

梅尔的诗还不时体现出虚无主义的知识运用的特点，其中包含着隐秘的对现实当下的破坏力，却又自有其合理性所在。合理性的核心，是诗中强大的"寻归"力量。程虹在《寻归荒野》增订版序中写道："寻归"并不是一般意义上的走向自然，更不是回到原始自然的状态，而是去寻求自然的造化，让心灵属于一种像群山、大地、沙漠那般沉静而拥有定力的状态。在浮躁不安的现代社会中，或许，我们能够从自然界中找回这种定力。我之所以不厌其烦转引程虹的观点，是因为我认为，梅尔正是一位用诗来从自然界中找回这种定力的一位坚定的践行者！

当下弥漫着的"雾霾"，必将是一段后来人甚感兴趣的历史。若干年后回眸，当时间的吸尘器消除掉能够清除的尘埃之后，必定会惊奇地发现，梅尔的诗作，竟然是这个时代的金矿！诗人推崇"海绵的重量"，既不见地铁站的残花，也不见装饰梦境的游人，但却是生命火焰的闪现，不失为"思想的马刺"，闯开了一种"样式"的路子，这也算我的一种期待吧。

大纛舞长风

　　近年，青年诗人杨杰，以其对家乡和诗歌的热爱，创作了贵州"工业强省战略"长诗《没有退路是路》、交通建设长诗《大道出黔》、脱贫攻坚长诗《决战贫困》，构成了歌咏贵州工业发展、交通建设、扶贫开发取得重大成就的长诗"三部曲"。这种激情讴歌主旋律，为贵州的大建设、大发展鼓与呼的诗歌鸿篇，值得点赞！

　　用诗歌表现现实的重大题材，创作上是有较大难度的，特别是政治抒情类题材的诗歌，既要契合当下之时政抒情言志，深入开掘其中的历史内容和思想内涵，把政治、工作、生活中人们普遍关心的问题，上升到一个充满诗意和哲学的艺术境界，又要避免堆砌政治术语、枯燥乏味，能不能把握住火候，拿捏好分寸，用诗意的哲学与哲学的诗意碰出思想的火花，全力用诗的言语支撑起大格局，对诗人的认知能力与艺术表现力都是一个很大的考验。诗人杨杰，铆足初生牛犊不怕虎的劲头，以其饱满的创作热情和执着的钻研精神，在短短两年多的时间里，深入一个个专门行业，收集、挖掘、研究、酝酿、布局，倾力打造、创作了长达八千余行的"三部曲"，把思想的积累与艺术的积淀充分发挥，用激情的诗句将对诗而言相对枯燥的题材以及冷冰冰的经济术语和数据熔化，写出了诗意的政治和诗意的事件！

火热的实践深深感染了诗人一颗跳动的诗心，诗人为之喜悦、为之自豪，发乎于心、达之于意，在热情豪迈中，完成了反映贵州这一段战天斗地的历史时代画卷的"三部曲"！我们看到，"三部曲"从没有退路是路的悲壮，到大道出黔的艰辛，再到决战贫困的豪迈，艺术地表达了贵州的省情，写出了贵州人弯道取直、后发赶超的精气神。

诗人十分明白贵州的发展离不开工业振兴的道理，工业化是贵州经济发展难以逾越的阶段。也深知贵州的发展离不开突破交通瓶颈，在贵州发展的"棋盘"上，路，是破蛹为蝶的关键一着。更深知贵州的发展离不开脱贫攻坚，贫困落后是贵州的主要矛盾，加快发展是根本任务，打赢脱贫攻坚这场输不起的战争是必须完成的重大政治任务、第一民生工程。诗人发出了"强省——为何首选工业？/为何必选工业？/回答之铿锵胜过惊雷/因为——差距在工业/潜力在工业/希望在工业"的呐喊。发出了"路说/请抓紧时间爱我/我爱你们/要致富，先修路/修路是积德、造福/桥说，请抓紧时间通过/我握手两岸，人心相通/彼此祥和"的呼唤。发出了"总书记的决心就是贵州人民的信心/黔地山水，四千万颗心跳/朴实稳健/从此/攀岩战峭/坚定一条扶贫的道/是穿越黔景的涅槃大道"的吼声。

"三部曲"为时代大潮摇旗擂鼓，呐喊正义，咏叹良知，发现真善美，心系自己的家乡，胸怀群众的命运，既"仰望天空"，又"俯视大地"。选择工业、交通、扶贫这三个命题"自考"，体现了诗人历史时代责任担当，表达着对家乡建设和民生发展的深切关注。"要加快工业化的进程，不是要不要搞工业，关键是搞什么样的工业"，诗人不止一次地叩问自己，面对质疑者的声音，他给予了有力驳斥，"质疑者——站在前进的路边/一如钉子总想钉住追求/一如绊石总想挡住顺风/和那前进的脚步/我求你了/亲爱的质疑者……站在一条线上的患难兄弟/现在，甩了我们有多远"，振聋发聩的"雷声"惊醒几多梦里人。"贵州，贵州/我的贵州啊/您被逼到了无路可走/无路，开路/怕的是有路无足/因为，没有退路是路"，这需要多少破釜沉舟的勇气！"上天偏心，我们有雄心/版图倾斜/自有路面平衡/我们/让闪电开垦，雷霆耕耘/春雨播种/长出一架架高桥，一路路高速/小我在成熟中伟大/有限在收获中无尽"，这是贵州人民改天换地，敢叫天堑变通途的坚定信念。"把一个欠发达欠开发的贵州/把农村贫困面全国最大的贵州/把贫困程度最深的贵州/注入推山移海的坚韧/改变，将黔山贵水富足的神态重新抒写"，这是诗人对脱贫攻坚的从"心"定位。在杨杰的诗群里，他始终把目光聚焦到贵州的时代发展和民生的改善上，真挚而深情。

作为贵州人，作为诗人，他以心写诗，与一方水土和百姓相濡以沫，为一方发展和民生事业而歌。

"历史巧遇/国家西部大开发"十二五"规划/给贵州"三化建设"谱了曲/配上如此动力的音乐/"两加一推"之韵味/多美的旋律/在"工业强省"的战斗号角中……"那'走出洼地,占领高地'的思想巨变/那'要想富先修路'的思想呈现/那'精准扶贫'的有力抓手/那历经'输血'到'造血'的回首/那尘土飞扬的石漠化/那美丽如画的新农村啊/让人万般倾心……"

他以情入诗,用灵魂的心跳歌咏为国为民的奉献精神。毕节市海雀村文朝荣老支书,"一位慈祥的老人/安静地躺在海雀的山坳/以一万亩绿意/葳蕤与延绵的波浪/传递着一个共产党人/对人民无比忠诚的情怀",他是海雀的"脊梁",带领海雀村村民,以艰苦奋斗、无私奉献、愚公移山、改变面貌、造福子孙的精神不懈努力,让海雀村发生了天翻地覆的变化,把一个生态恶化、群众贫困的村子变成了山清水秀、林茂粮丰的美好家园。我想起了《人民日报》刊发的我与雪峰的诗句:"他将生命化为生态,把爱留给世界,以树的名义,铸就一种高度。"

习近平总书记指出:"举精神之旗、立精神支柱、建精神家园，都离不开文艺。""三部曲"以纪实的手法，用诗歌的形式，对贵州工业强省战略、突破交通瓶颈、扶贫第一民生工程做了深入浅出的阐释和艺术再现，具有强烈的时代感和历史价值。它是一种记录，记录了贵州"工业飞腾促发展、沟壑天堑变通途、决战贫困奔小康"的奋斗历程，记录了贵州人民改变贫穷落后、"敢叫日月换新天"的精神面貌；它也是一种号召，号召"不怕困难、艰苦奋斗、攻坚克难、永不退缩"，昂首阔步，大步向前；它更是一种呼唤，呼唤人道主义情怀，呼唤人民对中国梦的追求、对理想的追求。诗中彰显的大气、正气和骨气，正是当代贵州人需要树立的新形象和新精神。"三部曲"以诗人独特的视角，穿越时空隧道、讲述贵州新故事、传播贵州好声音、凝聚了贵州正能量、树立了贵州新形象、提振了贵州精气神，为文艺界增添了一抹亮色。如一面迎风招展的猎猎大纛，那样耀眼，那样光芒，那样振奋人心！

好大一片林，好大一个人

——王华长篇报告文学《海雀，海雀》读后

　　忠实而富有激情地记录时代进程、反映时代精神、塑造现实形象，对作家是一个考验，需要厚重的历史责任担当，需要深切的民生情怀，需要丰富的生活积累，需要敏锐的现实洞察，需要对艺术表现和想象的熟练驾驭。阅读《海雀，海雀》（贵州人民出版社2016年版），感佩于贵州作家王华的现实勇气和想象底蕴，将一段波澜壮阔的时代生活，忠实而富有激情并艺术地予以表现，奉献给了广大读者一部具有较高思想性和艺术性的作品。全书以毕节市赫章县海雀村支书文朝荣的真实感人事迹为主线，以文学的笔墨描写了老支书文朝荣带领村民植树造林、办学育人、艰苦奋斗，最终让一个衣不蔽体、食不果腹、屋不挡风、地不产粮、山不长树、靠吃救济粮过日子的小山村焕然一新，发生天翻地覆改变的筚路蓝缕的现实进

程和主人公的心路历程。眼前山清水秀、环境优美、生活富裕、林茂粮丰的美丽乡村景象，诠释了一个基层党员干部的使命与担当，书写和讴歌了海雀群众，同时也艺术地再现了贵州人民面对贫困落后的困境，面对石漠化的发展制约，树雄心、立壮志、谋发展和百折不挠、自强不息、后发赶超的奋斗历程。

一

《海雀，海雀》描绘展示了一幅改革开放以来贵州农村翻天覆地变化的历史画卷缩影。发展才是硬道理。1978年，我们党召开了十一届三中全会，做出了改革开放的伟大战略抉择。改革开放首先从农村开始，贵州农村改革走在了全国前列。1978年贵州关岭县顶云公社率先实行"定产到组，超产奖励"的生产责任制，拉开了贵州农村改革的序幕，并在全国引起了较大反响，形成了"北有小岗，南有顶云"之说。1980年贵州实行家庭联产承包责任制，农村发生历史性大变革，极大地提高了农民的积极性和创造性，农村经济发展获得了新的活力，农业农村发生了翻天覆地的变化，农业基础地位不断夯实、农业生产条件不断改善、农业现代化进程不断加快、农民生活水平不断提高、农村环境面貌不断改善。每一个经历了这场变革的人都有着切身的体会。

改革开放初期的毕节地区，是贵州水土流失最为严重的地区，也是全国最为贫困的乌蒙山扶贫开发片区。农民日子不好过，上山开荒和增加劳动人口成为当地长远生计的不得已的出路。结果人口膨胀，地不够种，引发了"越贫越垦，越垦越贫""越生越穷，越穷越生"的恶性循环怪圈，毕节地区的森林覆盖率弄得仅有12.46%，农民的日子每况愈下。1985年6月2日，新华社《国内动态清样》第1278期《赫章县有一万二千多户农民断粮，少数民族生活十分困难却无一人埋怨国家》的报道描述："赫章县海雀村的3个村民组311户彝族、苗族农家，家家断炊……"6月4日，时任中共中央政治局委员、中央书记处书记习仲勋同志在"清样"上做出重要批示："有这样好的各族人民，又过着这样贫困的生活，不仅不埋怨党和国家，反倒责备自己'不争气'，这是对我们这些官僚主义者一个严重警告！！！请省委对这类地区，规定个时限，有个可行措施，有计划、有步骤地扎扎实实地多做工作，改变这种面貌。"1988年6月9日，国务院批复建立毕节地区"开发扶贫、生态建设"试验区。1989年1

月，贵州省委将"开发扶贫、生态建设、人口控制"正式确定为毕节试验区的三大试验主题。从此，毕节地区成为我国第一个向贫困、向石漠化发起总攻的试验区，而海雀，则是这场攻坚战的发源地。

《海雀，海雀》以小见大，以约显博，全面记录了海雀村改革开放几十年来，在各级党委、政府的关心帮助下，在文朝荣老支书的带领下，海雀村党员干部接力奋斗、顽强奋斗、扎实奋斗、长期奋斗、不懈奋斗，各族群众奋力拼搏，斗荒山、战贫困，退耕还林、植树造林，硬是将万亩荒山变成林海，成就了如今海雀村的山清水秀、环境优美、生活富裕，改写"苦甲天下"为"林茂粮丰"，书写了绝地逢生的精彩传奇，淬炼了不向贫困弯腰的奋斗精神。海雀从当初的"苦甲天下"到今天成为石漠化地区的一颗"明珠"的蝶变历程，滴水见日，折射出毕节试验区乃至贵州改革开放以来以经济建设为中心，保护生态，推动发展，坚守底线，全面实施脱贫攻坚工程中取得伟大成就的一个缩影。

对于当下的思考和时代的意义来说，海雀村房子漂亮、村子干净、生态宜人，这都离不开文朝荣的功劳。海雀村是毕节试验区改革发展的一个缩影，文朝荣是贵州农村党支部书记的杰出代表，是全省党员干部学习的楷模，是第二批教育实践活动的一面镜子。各级领导干部要远学焦裕禄，近学文朝荣。

二

《海雀，海雀》描绘展示了改革开放反贫困历史时期农村人物的群像。《海雀，海雀》以海雀村为背景，以老支书文朝荣为主角，以一群普普通通的人物为配角，全景似的再现了"作坊河，罩子遮齐门槛脚，要想扯尺遮盖布，肩膀当做地皮磨""毕节高山大梁子，洋芋苦荞过日子，想吃一顿白米饭，要等婆娘坐月子"的苦甲天下的历史及其山清水秀、"林茂粮丰"的现实美景。用写实手法，通过现实和历史形成鲜明对比，以众多人物的描写和刻画，形象地展示了海雀人的奋斗足迹。

作者饱蘸情感的笔墨描写老支书文朝荣直面海雀村水土流失严重的石漠化脆弱生态环境和人口膨胀、愁吃愁穿、忍饥挨饿的贫困现实，面对一个个"和尚山"和一张张饥饿的"皮囊"，立志改变贫困落后面貌，带领村民植树造林，最终挖掉贫穷大山的"当代愚公"形象，几乎是完整地、立体地记述了文朝荣的人生轨迹。作者说，他的心胸之"大"，容纳了整个海雀；他心胸之"小"，除了海雀，再也容不下其他。他穷尽一生为群众真心诚意办实事、尽心竭力解难事、坚持不懈做好事。作者在描写主人公文朝荣与妻子、与子女、与村民、与村干、与上级等方方面面的关系中，多有精彩之笔，细节生动鲜活。比如"文朝荣气得直跺脚，恨不能跺出个坑来给王学方看"，特别多处写到"眼睛一瞪"，极为传神。他以树的名义，将生命化为生态，把爱留给世界；以树的名义，铸就一种高度，以实际行动诠释了最美基层干部的为民情怀。

在其他辅助人物中，我们看到了默默支持与付出的妻子——李明芝，尽管对丈夫文朝荣拒绝领救济粮、卖牛换粮食和换钱建学校、偷拿准备给大媳妇坐月子吃的鸡蛋分给上山植树的村民吃等等做法不理解，甚至赌气发狠喝敌敌畏，但却始终"容忍"丈夫的"无理"，默默地支持与付出，包括在丈夫"大张旗鼓"地吆喝下"认命"般地去完成计生结扎。正如作者笔下的山里女人，她们的感情跟一棵苞谷苗一样朴实。只要你给它一把土，它就站得很牢，你要是能细心经营，它就能长出很多根来，紧紧抓住那把泥，风起时的摇晃，根本动摇不了根。我们也看到了与父亲抗争而又无奈妥协的儿子——文正全、文正友，为了给村民们带好头、做表率，去煤窑打工的大儿子文正全"被迫"回家上山栽树，又"被迫"带头执行独生子女政策，领了全村第一本"独生子女证"；二儿子文正友因父亲看到学生逃学受冻被狠狠教训"怎么当的老师"，后来乡党委动员他做村支书，不干，硬是被老父亲生拉硬拽为海雀人服务。我们还看到了痴于种树的先行模范者——胡索文、李淑彬和杨明生，这三位早先不被人理解的树痴必然地变成了楷模，人们一当谈到"生态"谈到"石漠化"，就必然要谈起他们和他们种下的那些树。老支书文朝荣在听到他们的名字的同时，还灌了满耳朵"青山绿水"这样的词汇。他一一拜访了他们，并同他们一样，做了一个"痴人"，一个一辈子的种树痴人。我们同时还看到了一群坚守着党员的本分的农村党员们，尽管有时对老支书文朝荣主张的上山栽树、退耕还林以及把权权房改为土墙房等有质疑，但是面对村庄的发展、百姓的利益，又总是带头走在前面，不为别的，就因为"党员"二字，等等。

作品抓住历史的关节点和人物的关键点进行连接，从人物事件的推进铺展笔墨，描绘了与老支书文朝荣一起，同甘共苦、共赴维艰、团结一心、抱团出击，植树造林、种植地膜苞谷、建学校办教育和改造房屋建设新农村，走上新生活的色彩斑斓的全景群像。人物群像的成功塑造，使作品赋予了很强的艺术吸引力，真切反映了文朝荣在带领村民决战贫困、摆脱贫困、脱贫攻坚过程中的种种矛盾与冲突，忧虑与彷徨，质疑与挑战，凸显了他们自强不息、顽强拼搏、奋力开拓的精神风貌，讴歌了"艰苦奋斗、无私奉献、愚公移山、改变面貌、造福子孙"的文朝荣精神，引人深思、催人奋进。

三

《海雀，海雀》描绘展示了一幅富有贵州农村生活习惯的风俗场景。乡土，是当代文学作品书写的一个重要领域和文学母本，很多人的创作都从乡土开始。在因生态破坏严重导致乡村贫瘠、荒凉、落寞的现实场景中，作者以细腻的笔触艺术而本色地描画具有浓厚乡土气息的风俗画卷，描写之处，行云流水，全无刻意雕琢之痕迹，展现的都是生活的细节和人性的色彩，生活气息浓郁，让作品原汁原味、有滋有味。作品写到，"盐水泡木姜子是海雀人的一道美味，一年泡上一小坛，下重体力的季节才拿出来下饭"。"饭已经熟了，是'耗儿饭'。玉米面和荞子面混在一起搅出来的，一个个的面疙瘩呈灰色，还真像一只只小老鼠。做这种饭特别考手艺，做不好，里头就是生的，没法吃，也没法继续往下煮。李明芝的手艺是一流的，不光个个'耗儿'都熟透，皮也没煳，软硬也正好。因为没有菜，李明芝在饭里给加了点盐，吃着有盐的饭，舌头就会平静些，就不会总是去渴望菜，或多或少能弥补一点没菜的遗憾"。"她手上拿着一个苞谷菜团子，一看成色，就知道粮食多于菜，很诱人"。"土墙房比他们用牛屎和泥糊的权权房要厚实，夜里风声听起来要小得多。更没有权权房那种'唰唰'的、听起来像房子在发抖的声响。"还有日常生活中上坡弄猪草、采月亮苔、挖龙胆草、抠洋芋吃……对于那个年代的人们来说，这是多么熟悉的生活场景和难以忘却的乡愁啊！即便未曾经历过那个时代，面对这样一幅特定年代真实的乡村生活画卷，让人不禁感慨生活艰苦的同时，又深感时代生活的别有滋味。

作者就是在这样一个特定的、真实的农村风俗画卷的场景中，通过家庭和邻里间的点滴小事，如因困难时期村民吃不上饭，老支书文朝荣卖掉自家的牛换来粮食送给极贫户；国家下拨救济粮时，不仅自己不要，还劝说自己的亲戚不要。有村民想开荒种地，为了保护绿色屏障，他主动把自家的地送给村民种。动员自己的兄弟文朝升和文朝华带头将杈杈房改为土墙房……人物与人物间的质朴对话，展现了村民朴素、本真、执拗的个性和对美好、幸福生活的憧憬，勾勒出一幅在条件极其艰苦、环境十分恶劣的情况下，海雀人从求生存到谋发展，从毁林开荒到植树造林，不做"杨八郎"、挑战石漠化、扶智又扶贫，让曾经"苦甲天下"的贫困村华丽嬗变的历史画卷，在原汁原味地呈现海雀具有独特地域特色的风土人情中充满激情地赞美了海雀人挑战贫困的顺时乐天的生活观，颂扬了以文朝荣老支书为代表的追求幸福生活的坚定信念和不畏艰险、无私奉献、造福子孙的人性之美。

四

《海雀，海雀》展现了作者艺术描写的生动与深刻。国学大师王国维在《人间词话》中写道："诗人对宇宙人生，须入乎其内，又须出乎其外。入乎其内，故能写之；出乎其外，故能观之。入乎其内，故有生气；出乎其外，故有高致。"王华这篇作品就有入乎其内和出乎其外的境界！从这部作品中可以看到，作者对农村生活很熟悉，这使得她对海雀村干部和海雀人的生存状态、情感状态、精神状态有着深入的了解和把握，能够"入乎其内，故有生气"；她深入地领会发生在人群中和人心中的巨大和细微的变化，以敏锐的触觉关怀、关注海雀人的生存现实，深刻诠释了海雀人顽强与拼搏，自信与自强、艰苦奋斗、创造奇迹的生活态度，能够"出乎其外，故有高致"。

该作品，有丰富开阔恢宏的场景叙事，也有精细雕刻的现实描写。"土地被交到农民手上，原是因为他们可以抚育土地，他们养牛、养马、养猪、养羊、养猫、养狗，也养土地。但海雀的农民，却养不活地。一个连地都养不活的农民，算什么农民呢？可难道这能怪他们吗？难道他们没有付出辛苦、没有付出感情吗？他们每天守着它们、抚摸着它们，他们把别的农民能给予土地的尊重全部给了它们，该下种时下种，该施肥时施肥。因为他们的土地天生贫弱，他们甚至比别人给得更多、爱护得也更多。可是，他们的土地还是永远那么弱不禁风，越来越骨瘦如柴。种子下到地里，从发芽开始就营养不良，整个季节里，你都能听到庄稼生长时的痛苦呻唤，它们拼尽老命结出的粮食，却没法让农民们果腹"。真情的描写，诉说着海雀土地贫瘠的现实。甚至用"老鼠偷吃苞谷棒子的时候下跪"来凸显这一极度贫瘠的残酷生存现实。而海雀人坚韧、不屈的性格则体现在姜子树的耐贫，"它将根伸得很远，从地面伸出去，从石缝伸进去，拼命地活着。这一点，很像海雀人"。

　　同时，作者以求实的写作态度和饱满的感情投入，大处着眼，根系着笔，丰富的细节、鲜活的人物、生动的场景，真实还原了一个有血有肉的时代精神践行者——文朝荣。"三张脸谱"，刻画和定义了老支书文朝荣的一生。第一张脸谱是老支书为海雀找出路、思办法时形成的："脸上所有的皱纹都朝着眉心的地方挤，在那个地方生生地挤出一个'愁'字。"第二张脸谱是老支书带领村民上荒山植树造林时形成的："那一阵儿文朝荣可没好脾气。自从开始栽树以后，他就整日跟人生气。以至于他那张脸一鼓再鼓，一鼓再鼓，额头上那个'愁'字被鼓没了，一个气鼓鼓的脸谱从此就留在了他脸上。"第三张脸谱是老支书看着栽下的树们茁壮成长，林子正在变得越来越像林子时形成的："那绷紧的脸庞渐渐和软，再和软，竟在有一天形成了他的第三张脸谱。这张脸谱静止在一个笑容上。那种从内心深处生长出来的笑容，在脸庞中间像水光一样慢慢晕开。"同时，作品中还有不少细腻生动的心理描写和情真意切的语言表达。树栽上了，地膜苞谷也种上了，海雀人吃米饭不再需要等婆娘坐月子了，文朝荣鼓了几年的那张脸谱日渐舒缓开来，遇上舒心的时候，你甚至能在那里看到一个温情的笑容。而他最舒心的时候，莫过于走在栽满了小树的山头上了。二儿子文正友跑上山找到他的时候，他正唱山歌："新来阳雀不开声，只等山中树叶青。只等山中树叶老，一个山头叫几声。"作者通过一系列具体的故事、细节将老支书文朝荣信念坚定、对党忠诚的政治品质，改变面貌、造福子孙的执着追求，艰苦奋斗、愚公移山的拼搏精神，勤政为民、无私奉献的高尚情操深刻地展示出来，让人感到真实可信、可亲可敬。

　　得益于作者农村生活的异常熟悉，在处理叙事语言和人物对话时，都能够做到与人物身份很"贴"，特别是方言的恰当使用，为作品增添了不少韵味，让人物形象更鲜明生动。更难能可贵的是，作者从细微处入手，将日常生活碎片与时代潮流相映衬契合，写活了海雀奋斗的时代精神，特别是文朝荣这名村支书在平凡生活中折射出的伟大精神力量，凸显了长篇报告文学的正能量功力与影响力。

　　关于王华，读书人大多知道，2001年开始发表作品，著有长篇小说《桥溪庄》《傩赐》《家园》《花河》，小说集《天上没有云朵》。其中，长篇小说《雪豆》（《桥溪庄》改名出版）获第九届全国少数民族文学骏马奖，《当代》文学拉力赛冠军、贵州省政府文艺奖一等奖；中篇小说《紫色泥偶》获鄂尔多斯文学奖。作品多次被《小说选刊》《北京文学·中篇小说月报》《中篇小说选刊》等转载，是贵州土生土长的著名优秀女作家。她的作品始终关注广大的农村和农民，也许这与她生在农村、长在农村以及十几年来在乡村教师岗位上与农村结下的深厚感情有关，正是这份"乡土情结"，让她对农村有一种执着的亲切与依恋。她以丰赡的笔墨来描写乡村社会转型期的农民的生存态势，揭示时代变迁中农民对贫苦命运的抗争和对美好生活的不懈追求，旨在传递一种不屈、抗争、为民、求实、奋进、永不停歇的时代精神。《海雀，海雀》正是这样一部作品，在她的笔触下，主人公文朝荣倔强执拗，心中始终坚守着对党的信念和忠诚，坚守着对人民的承诺和奉献，这样简单而纯粹的信仰与担当让人感动，令人震撼。如同作者在文中所写的那样："文朝荣亲身栽下的姜子树，属于耐旱、耐贫生命力极强的植物，即使在石漠地头，在海雀这样的高海拔地区，它也能顽强地生长，并长出一棵树的光景来。这一点，它跟文朝荣很相似。几十年过去了，它依然没能长成参天大树，但它长出了一棵树的光景。它现在已经快有老土屋高了，它拥有一个不错的树冠，春天它会开一树繁花，夏天它也能弄出一团翠绿。现在海雀到处都是树，房前屋后都是树，有椿树、有李树、有核桃树。不论春天还是夏天，它都争不过它们。但文家的老土屋前，只有它。这就是它的骄傲。"的确，文朝荣和海雀人的精神值得我们骄傲，更是值得我们贵州人去珍惜的宝贵精神财富。

五

2013年9月，习近平总书记在哈萨克斯坦纳扎尔巴耶夫大学发表演讲时指出："我们既要绿水青山，也要金山银山。宁要绿水青山，不要金山银山，而且绿水青山就是金山银山。"2015年6月，习近平总书记视察贵州时强调："要守住发展和生态两条底线。"《海雀，海雀》描写主人翁一生的奋斗历程，印证了守住"两条底线"的实践性和科学性。

"风一刮黄沙漫天，雨一来泥沙俱下"，毁林开荒，让海雀村生态破坏严重。1982年文朝荣出任海雀村党支部书记时，上万亩的草山草坡和次生林严重沙化，大小山坡都成了光秃秃的"和尚坡"，石头越长越高，土地越种越薄。每到年底，村里就有群众开始缺粮；青黄不接的四五月，更有农户断炊，以野菜果腹。一篇上《国内动态清样》的新闻报道，让海雀以它的"苦甲天下"一举扬名，别人都兴致勃勃地炫耀说："我们海雀都惊动了中南海了。"可在文朝荣看来，那不过是把脸丢进中南海去了，作为支书的他心里特别不是滋味儿。普通村民可以饿了就去想救济粮，因为针对个人而言，有时候是可以把尊严放在生存之后的。但村支书却不一样，他担当着一个村几千人的尊严，他要面对的是整个海雀村的饭碗问题，因为他深知："救济粮只能救命，不能救穷。"1986年冬，面对肆虐的风沙，文朝荣决定发动村民种树，让荒山披绿。因为他清楚："山上有林才能保山下，有林才有草，有草就能养牲口，有牲口就有肥，有肥就有粮。"他干得更实在，没有怨天尤人，没有空话大话，只有大山一样的朴实情怀，一天又一天，一锹又一锹，一寸又一寸，20多年锲而不舍、持之以恒地带领群众在条件极其艰苦、环境极其恶劣的情况下，硬是在赤裸裸的荒山上拓出一条通往幸福的康庄大道。昔日的"和尚坡"变成了如今的万亩林海，森林覆盖率从不到5%飙升为70.4%，被全国绿化委员会评为"全国绿化千佳村"；万亩林场经济价值达4000多万元，人均近4万元，创造了海雀人守住"绿色银行"、吃上"林业饭"的奇迹。文朝荣带领海雀人民与天斗与地斗，在恶劣环境中顽强拼搏、奋斗一生植树造林的历程，印证了海雀人守住发展和生态两条底线的辩证思维，通过将荒山石山变为绿水青山，又通过绿水青山带来金山银山，富了农民，更美了生态，走出了一条石漠化山区经济发展、环境保护与社会进步相协调的发展路子。如今的海雀村草木葱茏、流水潺潺、小楼掩映、村容整洁、环境优美，广大村民丰衣足食、生活宽裕，是贵州大山深处的美丽乡村。

在此，我想到了在人类发展的历史进程中，由于我们对自然的无限索取和肆意开发导致了生态环境破坏，污染严重，进而导致自然灾害频发、患病人口增加、社会矛盾突出等一系列自然和社会问题。正如作者在作品中所写到的，人类当初改依赖肉类为依赖粮食而生存，是为了更优雅更尊严地生活。我们从树上走下来，从森林里走出来，走向开阔地，走向庄稼，让我们活得更加的优雅和尊严。然而那时候，完全想不到开垦会给我们赖以生存的地球带来危害，也想不到这样无休止的开垦下去，终有一天我们将会重新失去优雅和尊严。这是多么深刻的思考和警醒，如醍醐灌顶、黄钟雷鸣。甚至作者将文朝荣、胡索文、李淑彬、杨明生等种树人平凡而在今天看来可以称为"壮举"的事情定义为一种"还债"，还土地的债。因为我们的索求无度，因为我们的贪婪疯狂，让我们欠下养育我们的"母亲"——这片土地太多太多。我们应该懂得感恩、懂得反哺，像鸦那样反哺、像羊羔那样跪乳！

实践证明，脱离环境保护搞经济发展是"竭泽而渔"，离开经济发展抓环境保护是"缘木求鱼"。经济发展决定人们的生活水平，生态环境决定人们的生存条件。生态问题不能用停止发展的办法解决，保护优先不是反对发展，其核心是要正确处理保护与发展的关系，在发展中保护生态环境，用良好的生态环境保证可持续发展。而海雀植树造林、恢复生态、脱贫致富的绿色发展实践雄辩地证明了这一点，为"两条底线"理论提供了一个鲜活的案例支撑，为"两条底线"找到了成功的"范式"和"样板"。

以文朝荣的艺术形象来感染人、启迪人、教育人，对于广大人民群众在弯道取直、后发赶超的大道上挺起腰杆、抖擞精神，生命不息、奋斗不止，愚公移山、久久为功，鼓起劲来抓发展，弯下腰来拔穷根，携起手来奔小康具有很好的鼓动作用和情感激励。我想，这也许就是《海雀，海雀》微言大义之所在吧。

哦，好大一片林，好大一个人！！

美 之于心

天鹅池远歌

山影

有山如歌

有水如曲

不舍昼夜

吟唱生命歌曲

金钱豹掠影七仙崖

雨滴风情万种

窗外松风

低吟千秋雪

梦里鸟鸣

浅唱万里船

蓝天大雁

伴白云南飞

山涧野果

雨落无声

绘声又绘色

谁与心共明

蝉声

扑面而来

山岚氤氲

直插峡谷的深邃

心不由颤抖

柴可夫斯基

把天鹅的歌咏写在

晶莹透明的天幕

揪心的天鹅绝唱

沉入幽蓝的水底

四周静寂如墨

池水蓦然翻波

万千细鱼

金光粼粼

漫山遍野激动

蝉声一片

咬着夕阳的尾巴

追逐大川的山影

赤脚走在细沙小道

仰望满天星星

竹吟

夜风的叮咛

穿过历史的尘埃

野蜂起舞

筛落数缕阳光的碎银

生活的长河

晒席展开金黄

短笛声声

寂静的夜

尖尖竹叶

弹敲我窗

影子在燃烧

听见

郑板桥流泪的声音

万竿坐拥

梅兄松叟

冷眉陈将军

挥刀抒心情

可有烟斗

天坛响起钟声

我竹我自绿

狂奔三百里

遍染赤水河

谁与争锋去

炊烟

黄猫伸着懒腰

黑狗檐前屋后逡巡

白叫鸡站在房顶啄虫子

夕阳袅袅于树梢

墙脚地牯牛

盯住漏斗窗

罗大爷的白胡子

在晚风中飘逸

端坐村口

一尊雕像

挑担汉子

背篼箩筐

山妹子纤弱的身影

暮霭薄雾出

渐渐小去了的思绪

旱烟闪烁暗红

传说

面对千顷湖

弹琴不用弦

流浪的才子鸿儒

把魂魄遗落

天然堰塞湖

转眼百年

转眼千年

清风擦拭照妖镜

神仙幻影

细雨洗涤梳妆台

狐仙艳遇

纤纤脚印还在

肥大美臀还在

虫鸣草篷

窃窃私语

鸳鸯嬉戏

杜鹃花紫

史迹溅起水滴

迷蒙了眼帘

屈原的胡须

正如大树般生长

天鹅池畔

生生不息

梦境

踮着脚尖

摘星星

重雾之夜

影影瞳瞳

格桑花漫坡

致青春

跌跌撞撞

梦境不设防

半池残月

何觅倩影

冷云依崖

何处花艳

日月江山

无栏杆可拍

一彪人马云飞扬

轻走慢行足迹深

鲲鱼遨游天空

惯看风雨数千年

归田

陶郎荷锄

烟霞相许

走过桂花坪

飘满童年香

倒坐青牛横吹箫

从梦中醒来

匆匆过客

追寻什么

雾尽又添山一峰

一笑双醅黄藤酒

江山风月

正是天朗气清

挥一挥衣袖

送白云入山

清溪峡断章

遇见

是的

遇见你

溪湖有缘

时光隧道

一瞬

几十年

黄浦江畔的叠影

石头中长出舌头

旋律里吞吐氤氲

情感的天空

燃烧的鱼

莫扎特的音符

雪花飞舞

羽化

等待

风起

剥开云雾做成的

衣裳

时间的七彩

不舍

七亿年惺忪

清溪染作胭脂色

远古血与火

眼前风与景

王阳明山中的花

丁香开了

雨巷油纸伞

泪水串成的链条

惜语如金

本色

回响

宇宙穿音

七色的彩虹

树老千年雪作花

秦关与汉月

英雄血红漫天地

历史任性流淌

蓝就是蓝

绿就是绿

坚硬的时间刻刀

双河三生影

清溪万古心

命运交响曲

焰火燃烧

乡愁

莫非

丰子恺醉了

竟挥洒浓墨重彩

清溪却童颜故我

青梅依偎着桃李

竹马骑着半个月亮

桂花入眠

石头流淌苍凉血

瀑布喷射生命火

二泉映月

芳草已经碧连天了

夕阳剪出山魅影

乐就这样生之于愁了

沧海桑田

惊艳

拐角

一抹净色

绿绿的扑面

没有形状的空蒙

气象缤纷

数亿年等待

佛光真颜

时间雕塑了山

沸腾结晶了水

圣桑的天鹅展翅

幕天席地

庄子欢喜了

洛神衣袂飘飘

凝眸

寻归

寂然

虫鸟齐鸣

正好驴友入梦

迪斯科的节奏

灵魂舞蹈

前世与今生

如何安放

是否放飞了尘俗

何以栖居于诗意

安魂曲天地悠悠

苏格拉底睡意迷蒙

黑格尔已经疲惫

生命的定力

仰望自在之所

图腾

不知

某人推演易

河图洛书

追逐海市蜃楼

融物与心

他在之在

谁是我

赤橙黄绿青蓝紫

金木水火土

圣母颂自天地升起

无形之大象

稀声之大音

简单符号

无限的生命

湄潭茶海

芽儿

是谁吐气如兰

嫩芽冒出枝头

云雾朝霞相拥相抱

一片翠绿漫向天际

樱花彩云

幻化生机

魂跟着茶走了

千秋大业

制茶

每片叶子皆有梦

可不是每片叶子都成茶

生长于雨雾骄阳

痛楚于采摘烈焰

滚水冲泡

霓裳羽衣起舞

《国风》歌咏其甘如荠

全新的生命旋律

碎片

王淦昌撰写学术论文

满满是清醇的茶香

琼瑶小说风云飘摇

怎么是你

吴小莉抿嘴深深酒窝

一生只等一壶茶

陆羽捻须哈哈大笑

好你个湄潭翠芽

硝烟

谁说硝烟散尽

茶香却是更浓

西迁的浙大

漂泊的文军

龙井滋养情怀

湄江河畔福地

求真于此

教育圣地

静语

茶就是一杯水

想象空间中寻归

心即茶

茶即心

澡雪清净

茶与人都在等待

懂得与倾心

灵魂的香味

土城掠影

赤水

像个婴儿

土城

枕着赤水入眠

风水摇篮曲

冬天无雨

凄厉的小号

青杠坡枪声

拉响了西风烈

伟人的巨手

拍击暗红色的砂岩

河水滔滔

嘶哑悲咽

走向何处

路在哪里

渡过河去

踏踏的脚步

熊熊的信心

箐竹弯腰

悬崖伸臂

青山隐隐水迢迢

终于今晚梦醒

看长空

云朵疯跑八十年

看大地

英雄的鲜血

流淌出历史河流

这个小镇

始终铭记

小街

时光封印戳下

这个小镇开始旅行

石板错落有致

郑板桥书法在此

抹上了历史的油光

小娃娃在爬行

马蹄声从几个世纪前传来

数说

十八帮的帮帮精彩

藏在石头缝里的江湖传奇

码头依然喧嚣

商号繁华交易

院落宁谧地轻声细语

城墙见证旅人的行程

时间的脚步

总是匆匆

当代故事

历史传说

到处是

说书人津津乐道的遗址

家长里短

静候黄昏

等着

毛菜油溅起炊烟

拉扯衣襟戏耍

家乡的味道

回忆春天

满山遍野的金黄

时光

桑木的母鸡

二郎的酒

土城的姑娘

家家有

河风徐来

夕阳赶山

天空透红

喝了甘蔗酒

油灯点亮

影子很浅

街边门槛

三三两两

半蹲着的女孩

叽叽喳喳

轻言细语

端着瓷碗

米饭红薯

辣椒豆豉

不能上桌吃饭

不知何来的老规矩

已经习惯

晚饭总是愉快

丝丝窃笑

在天生丽质间

翩飞

偷眼瞄

有外乡人

饥肠辘辘

一步三顾盼

不忍

山路

城外的人想冲进去

城里的人

从未想过

跑出来

老人们三五成群

叼着旱烟袋

凝视暮霭

隐隐约约的小路

在龙门阵中扯开

高天滚滚

木舟远扬

一串串脚窝

登天的云梯

渡吧

一渡

渡吧

二渡

草鞋循着小道

往返于硝烟

铿锵迈步

气势如虹

沿着崎岖与曲折

战火燃烧

危石密布

荆棘遍野

难不住

红军的铁脚

向前

硬是把山路

走成了圣途

浮桥

站在岸边

眼前一片虚空

清清河水

悠悠青苔

还有鳜鱼

老人说

就在这里

蓝天掠过一阵哨鸽

卷起脑海波涛

当年搭的桥

浮出水面

人马喧嚣

一渡赤水

那块巨大的砂岩

至今仍在凝视

红军的脚印

踏着历史的小径

阔步上了北京

浮桥的影子

挨着红色的传说

走进了记忆

飞雪

一夜之间

真的下雪了

迷蒙的远山

眼前的青瓦屋顶

一片白色

土城何曾有雪

老人们张大嘴巴

皱纹雕刻一朵朵菊花

纷纷扬扬的细雪

从何而来

眼里的疑问连着奇迹

这可是

一九七六年啊

雪还在飘

更凸显四十一年前

伟人的脚印

跟着领袖远去的队伍

二点五里老街

走了一万条

渐行渐远

却又渐远渐近

以为英雄的热血

鲜活在过往的岁月

没想到

红色一直在奔跑

不小心

在河岸边

竹丛里

小娃娃的脸庞上

就会相遇

他驾鹤西去了

心里仍挂念

一渡

这不

土城居然飞雪

马灯

点燃这线光明

风吹雨打不灭

河水的歌声

热烈而嘹亮

无论阴晴

还是圆缺

激情奔涌

何惧坎坷

一个信念

黑夜里更加坚定

灯光闪烁

理想遥望

向前

赤水远方是大海

青山相对出

两岸潮水平

海上可生明月

更可迎来晨曦

看朝霞

一个马灯

一篇童话

红彤彤的

一轮太阳

升起

絮语

今年第一场雪

就这样来了

漫天舞蹈的絮语

翩若惊鸿

巴特尔微笑的触须

在思想迷宫暴走

狡黠的智慧

穿上蓝外套和黄背心

走进与世隔绝的心境

无所不在的轻盈

飞雪一如天籁

一段妙不可言的

人生华尔兹

敲窗

雪花轻轻

敲窗

耳朵世界

大自然穿音

天与地

私语交谈

甜言蜜语

一场恋爱

覆盖了亿万斯年的洪荒

历史睁开双眼

叩问

古人风云

可曾见今时飞雪

今时雪花里

是否古人万古心

心迹

飞雪拂面

石头依然沉默无语

今夕是何夕

掩藏起亡国之剑

腊梅娉娉地笑了

一抹雅黄

这是谁的心迹

弥勒的佛光

隐形于冰雪之中

古老的预言

太极图飞旋

白茫茫

一片大地

梵净山的钟声

自金顶升起

角落

阿尔泰在遥远的地方

那个角落里

失望的雪人

浮动的暗香

精神彳亍前行

是否雪乡的温馨

可以安抚

夜里石头的伤痛

倒是晶花洞里

晶莹如雪

透明深邃的炫目

时光隧道里穿越

或许

藏着马丘比丘的谜语

和聂鲁达的诗情

独钓

纯白的雪

七彩的花

雪因花的缤纷

才赋有魅力内涵

就像人类历史

有文化营养

才茁壮厚重

精神天宇里

鹅毛大雪

通往雪国的列车

不知何时启程

孤舟仍泊寒江上

谁在独钓

历史

雪花飞舞弥天了

梅花真的欢喜了

何时可见

英雄的情怀

血与火流淌着

历史长河

滋养出鲜艳的红梅

卖炭翁的背影

渐行渐远

喜儿可还在吟唱

雪花那个飘

风雪中的夜归人哟

来自何方

智慧

一株千年老树

仰望长空

枝头挂满了

雪的花

王阳明好欢喜哟

遇见了你

生命绚丽绽放

大千世界

胸中沟壑

凝眸雪花身影

不敢回头

但恐

归之于寂

轻轻的你去了

这个三月

芳草萋萋

你却枯萎

这个三月

百花盛开

你却凋谢

这个三月

万物复苏

你，却再也没醒来

抛下了爱你的人们

抛下了你用五谷喂养的小鸡

只身打马向西

轻轻地

朝山那边永远地走了

轻轻的

轻轻的

不曾挥一挥衣袖

不再作别西南天边的云彩

三月的那个凌晨

夜空霹雳

那个带着噩耗的短信一闪

击碎了黎明前的黑暗

你走了

什么?

说什么?

再说一遍

真的是走了

声音在颤抖

带着浓浓的湿音

泪水如三月的星星花开了一地

脑海的屏幕上

严肃而慈祥的容颜还在笑啊

犀利而和善的目光仍然如炬

带着充分的信任和坚定

嘴角抿着

是坚毅是豁达

是智慧还是儿分幽默

我们的好领导和好兄长啊

就那么一眨眼

怎就轻轻地走了

没有挥一挥手

没有说一说话

没有叙一叙旧

抛下眷恋

抛下爱人

只身打马西行不再回头

三载一别

竟成永诀

天下大悲

唯永诀而已啊

这里

浸透着你太多汗水和心血的土地

为你举哀

这里

牵挂着你太多心思和感情的民众

为你悲咽

诚诚恳恳做人

清清白白做官

踏踏实实做事

你远去的身影

清晰写着

什么是豪气

什么是大气

什么是正气

明白显示

什么是豁达大度

什么是宽容包容

什么是善良厚道

深刻含藉

什么是疾恶如仇

什么是正义血气

什么是永不言弃

回旋余音

什么是君子欺之以方

什么是小人长戚戚

什么是君子坦荡荡

你用汉子的

君子气节

君子气质

君子气度

君子内涵

君子做派

将句号画得圆圆满满

你的优良品质

永存天地洪宇间

……

谆谆教诲

犹在耳畔

思想在幕的前头

行走在幕的背后

让我明白

做好工作

就是对你最大的祭奠

就是你最大的安慰啊

站在这里

送君西行

我与我们泪湿衣襟

……

生命的蜡烛就这样燃尽岁月吗

用艰辛去装饰大地风景的奉献者哟

泥土瘦你的生命

风雨湿你的生命

你冷吗

这些文字

全是我们为你点燃的纸钱呀

你快暖暖身子　然后

静静地睡一觉

你累了

好好休息吧

归期无限

回程无票

月光瘦

鸦声凄

雁声凉

琴声长

……

曾听说

地球在经历一场灾难之后

一部分隆起为山

一部分沉落为海

在你那串坚实而蹒跚的脚窝里

定会长出一片大森林

那时

这里的青山绿水

白云蓝天

就是你温暖的家啊

轻轻的你挥一挥衣袖吧

漫天是为你绽放的多彩云霞

以树的名义

——追怀最美基层干部文朝荣

以树的名义

扎根厚厚的泥土

吮吸大地母亲的乳汁

你，葳蕤茁壮

以树的名义

山河与你千古

百花伴你飘香

你，永远耸立的共和国脊梁

老支书 文朝荣

海雀村记得你

和尚坡记得你

苗族老阿妈记得你

一草一木都记得你啊

"点穴种树　浅坑植苗

借泥成肥　同向移栽"

你，以树的名义

长成一根钙质十足的长长的扁担

挑着苦甲天下

挑着筚路蓝缕

挑着绝地突围

挑着林茂粮丰的憧憬

一头是辛苦

一头是幸福

朝着富强和小康

朝着文明和荣光

当代愚公踏歌行

脚步阵阵松涛吼

奉献青春荫子孙

青山处处埋忠骨

七十二根蜡烛终已燃尽

七十二根树木却已成行

谁说你走了

你亲手植进泥土的小树苗

正在长成参天大树

谁说你走了

你带领乡亲们植下的成千上万株华山松

已经铺就茫茫林海

焦裕禄走了

泡桐还在

杨善洲走了

绿水长流

青山常在

你们都以树的名义

将生命化为生态

把爱留给世界

以树的名义

铸就一种高度

娄山关

——写于遵义会议召开75周年之际

　　茅台美酒醉了这枚残阳，如血。一声低沉沙哑的吆喝，石破天惊，耸起了一道坚实的力的脊梁。那年冬天，就站在这里，高举革命的大旗，挥四渡赤水得意之笔，用鲜血和意志，描绘春天的景色，碾延出人民红色的中国。

　　遵义会议亮了这片苍山，如海。一阵宽阔汹涌的林涛，波浪触天，铺就了一条砥砺的光的大道。这年春天，也就在这里，高唱建设的凯歌，借四在农家文明东风，以志气和信心，书写明天的辉煌，收获着和谐绿色之家园。

见证

——写在娄山关的石壁上

吹过去的是四季风，飘过去的是五彩云；硝烟化作清风，热血蔚为白云；历史却驻足了，在这里，就在这里。

茅台琼浆飘香，英雄气概干云。

红军队伍豪迈，踏踏穷音震天。

小草喳喳，莫非还有残梦；林涛阵阵，似在吟唱昨日的歌谣；飞鸟啁啁，在阳光下展示华丽的羽毛。

渐行渐远中有渐行渐近，毕竟，曾经是沧海桑田！

杜鹃花海

——写在2011年中国·贵州国际百里杜鹃花节开幕之际

　　歌声亮了，舞步踏来，奢香夫人的一方头巾，有红、有黄、有蓝、有紫、有粉，杂存的五彩落英，缀满绵延起伏的乌蒙山岭。

　　夕阳累了，朝霞醒来，沧海桑田的一曲幽琴，有风、有雨、有雷、有电、有光，沉淀的远古穿音，浸润鱼龙变幻的历史长吟。

　　激情燃了，理想飘来，百姓苍生的一抹愿景，有精、有气、有神、有力、有劲，飞扬的当代引领，流淌勤劳镌刻的日月辰星。

我眼中的西江风光

之一

晴光潋滟，辉笼崇山峻岭。小溪欢歌，牵引匆匆脚步。天的视野中，有一羽人类文明的亲切。天无形，人有形，西江苗寨的天空，由其建筑轮廓所切割，放眼，天已是各种几何图案，可否是心灵深处观念的表达？芸芸众生，叩问天之善恶，在乎风调雨顺，在乎幸福祥和。民以食为天，天下皆太平。看那些器皿的形状，看那些小孩的神态，难道还有更多寄寓？

之二

一弯新月，几多期许，数千年的历史烟尘的繁星，撒落深山荒野。尽管往事已化为时下欢娱的消费，心仍温暖——灵魂深处，依然金戈铁马的文化的坚守。无文之物，行之不远，至少声名渺然。时下多见物而忘文者，更有弃文而趋物者，甚至不知文为何物而形同行尸走肉者，革"文化"之命而贻害于数世，不亦为后人之愤、之悲乎。苗寨文化储存的温馨，不愧人类疲惫心灵的家园。

之三

挑一担稻谷，是两筐满满的愿景？一只狗随行，与人心情同样？转头而望，是一种怎样的心思？拦着寨门，并不是要把客人挡在门外；热热闹闹打糍粑，是加工更像仪式；酸汤鱼的"一招鲜"声名远扬，却是生存的记忆！嘈嘈切切，穿梭回复，闪着银饰的光芒和苗绣的针脚。听说，有一场婚礼，即将在"噼里啪啦"的鞭炮开花中——隆重举行。

之四

建筑物建在哪里，建成什么样式、风格、特色，并非人的从心所欲，与地理、历史、文化、物产等各因素相关，应是人与自然相互作用的一个结果。其中奥妙，常有"神"助——把天与地、祈愿与现实，尤其时空流程，能够"一以贯之"而又予以长时期的沉淀与灵闪——眼前短时是艺术，遥望长远是文物。诚哉斯言！

之五

岁月如歌，悠远悠然，飘在天空上的一抹晚霞，映入水中迷恋的一框梦蝶；凭栏不用远眺，心情已经列队，一行又一行的特别；音符挂在了美人靠的上方，丰收的苞谷、小米轻吟，巧秀丽人心结；去做一次远行吧，心儿早已飞翔，何惧天崩地裂；勾着肩、搭着背，耳边细唱"不用翻译的曲子"，诉说如歌的岁月。

之六

灵魂在天地间呼吸，幸福并不是一种奢侈，时间和空间已经浑然一体了，你没听见"苗族飞歌"吗？把秧插入田，用劳动见证生命的过程和永恒。人去了，人还在：安居土里，正是生生不息之根；傲居牌位，凝聚家族和谐绵延；雄居铜鼓，彪炳星火历史的承传。夜之篝火起舞，昼之锦鸡翩飞，数千年从未停止歌唱的精灵，岂不正是人之为人的乐园？！

之七

山风爽爽，摇曳竹木倩影，陪伴姑娘的"敬酒歌"，有多少年多少代多少人，随口吟哦、传唱着"蒙打哟"，为了每一位远方的客人。喧嚣的、嘈杂的、俗世的"寂寞"，愤世的"孤独"，在这铜鼓耀眼的光芒和发聋振聩的历史回声中，化为缕缕薄雾飘散。清澈无邪的溪水，就是一曲纯净的歌谣，令多少"城里人"不忍离去，一步三回头，魂葬苗乡。为了这一澄清如蓝宝石般、单纯如桃花源般的真情，何不把一切都放下，体味这天上人间。

之八

历史是会投影的，一路过来的腥风血雨和辉煌足迹，糅成云朵的碎片和言语的建构，斑驳得令人眩晕，好在有屋檐下那只神鸟的影子，演绎着数千年以来生生不息的故事。历史是会歌唱的，撒落山涧沟壑的传奇和神话，生长成孤傲的大树，随着狂风和暴雨展示优美的旋律，在闪电和雷鸣的节奏中高歌一曲。洞穿时间的屏障，天——一片湛蓝，地——满目翠绿，人——依然精神。

之九

有人断言，历史是轻盈的。真是一句神来之语。即便在当下是"度日如年"，回眸漫长艰辛的人生之路，却也如"白驹过隙"。是文化使历史有了重量，一如引力的作用。过去就过去了——"烟消云散"，留下的留下来了——"灿烂辉煌"。天地人的精灵，随时随地随情"赏心悦目"；时与空的塑造，在乎"一心"。人是大自然之渺小的一员，只有人随境走，才能顺应而生，以致万代千秋——我似已听见冥冥中的嘶鸣！

之十

思想者的目光穿透历史，亚鲁王的英姿在时空的深山里雄立。酒醉神州，舞遍大地，歌遏苍穹，传统自在，现代炫目，皆入我的木鼓，何如我的"游方"，消散于隔山隔水、灵魂欢娱的"对歌"。精神皈依于有形，牛角尖尖引天籁！流淌千年的美酒哟，世人共享；黄钟大吕的号角哟，豪气永恒。

之十一

生活总在迈动着脚步，噪音总在静谧中分外凸显，这卅世代栖息之地，怎么承受这生命之轻。仰视漫天风云舒卷，俯瞰苍茫烽烟浩瀚，祈问灵魂依然既然。DNA的密码谁能破解？时间的长度谁来丈量？空间的包容谁知多少？狂妄者在梦呓中一手遮天，物欲者在贪婪中鼠目寸光，心忧者在现实中心急如焚。智者慧者却有格外的坚定，民族数千年的血液，定会绽放绚丽的文化鲜花！仰视漫天风云舒卷，俯瞰苍茫烽烟浩渺。祈问灵魂，何惧浮云硝烟，九九归一，安然如愿！

之十二

生命成长，历史延续，文化沉淀与传承。由自然而出，印证于自然。欣悦于生命，承载于历史，辉煌于文化，一个民族就这样展示其独特的风采。生命与自然在这里和鸣，内蕴的能量充盈天宇。所有人造形式，皆以天地造化，不然何以审视？风起云涌，时势变幻，只要认识规律、把握规律、运用规律，天在心就在！

过眼雷公山

苗岭主峰

山高人为峰。"苗岭主峰雷公山"——王朝文老省长题字的石碑，端庄地站在山顶。太阳来了、太阳走了，月亮来了、月亮走了。雷公山，百年、千年、万年、亿年，在这里。梦中充满硝烟与祥和，偶尔睁眼看看未来。山顶的泉眼，早已窥得天机，满不溢、枯不浅，惯看熙熙攘攘，睥睨尘世群雄。心如止水，透着穿越历史血与火的淡定。坡顶的杜鹃，花谢之时即打苞之日，那一时的灿烂，是长期艰辛的孕育。于是，风流泪了，却每一滴都是快乐。洒向山水之间，云开始游弋，雾开始缭绕，期待某一天、有缘人，观赏清晨日出，酡红的笑靥。

千年古树

人生不满百，常怀千岁忧。你就在"千岁忧"的那一端，静立。树欲静而风不止，世间的刀戟戈剑，自然的风火雷电，枝枝叶叶，扑扑簌簌，筛下一地阳光碎片。一声叹息，战神蚩尤，天幕上高大的身影，翠绿苗岭。十个一百年、一百个十年的叠加成长，时间并不虚空。充实茁壮的躯干和遒劲的枝丫，伸展向上，可摘星星。飞鸟的飞鸟的飞鸟……呢喃细语，祖先的祖先的祖先……遥说当年，于是，披红挂彩了、香火旺盛了，祈福、祈福，在精神黑白的天空，勾画鱼酸酱般曼妙神话。

百年水碾

两百年不舍昼夜，从十九世纪初走到现在。乌东村苗寨，留着这个传奇。吱吱嘎嘎单调的声音，抚摸着青苔的绒毛，吃力地转动，却是水花欢快的歌谣。起点和终点都在一个点上，碾盘和碾槽叙述着石头洪荒的故事。一圈一圈又一圈，这对恩恩爱爱的伴侣，用絮语编织，蔚蓝如甜甜圈般的童话。于是，稻谷蜕去金黄的外衣，白花花的大米散发着芳香，在餐桌上优雅地舞蹈。生命在愉悦中表达，稻田鱼在静夜里，从秧苗的缝隙间啜吸月亮。碎银泛起，装饰村庄梦境。

悠悠蝉声

远远近近，起起伏伏，任你阴晴圆缺，任你悲欢离合，在太阳和月亮的旋律中绵延。生命的表达，灵魂的欣愉，言之不足故歌咏之。歌养心哦，侗家人的生活空间中，想象的大树疯长，艺术的青草繁茂，历史文化的大河清溪，流淌着《蝉之声》满满的音符。天高了、地阔了、云淡了，雾却浓、夜却深，流水与岩石静静相偎。渺渺穹宇，万籁俱寂。一声脆响，再一声脆响，无伴奏合唱，自大山深处升起。居高声自远，朗朗满乾坤。

云与雾

把时间从白垩纪岩层抽出来，苗族飞歌开始漫山遍野飘浮。棉花糖好甜，蓝天上白云朵朵。让年轮从考古学树干伸出来，侗族大歌开始男女老少合唱。鸡冠花真红，山谷里迷雾浓浓。仰望彩云飞，圣洁氤氲；俯察浓雾走，神秘莫测。有了云，才有了琵琶歌柔媚销魂；因了雾，勾画得芦笙舞翩跹摄魂。云缭雾，雾绕云，缠缠绵绵，青草绿叶。嬉戏玩耍，蛇龙变幻，瞬间绘出一幅又一幅朦胧画图。腾云而驾雾兮，拨动茶树成排的琴弦。还去哪里呢?云雾银球茶，仙境在此间。

我的1957·小雪

昨日小雪

今夕何夕

又见小雪

我的1957

57·57

几多雪霁

几多风霜

几多晨曦

那年那月

我的洗礼

我的诗乡

我的遵义

那日那时
我的小雪依依
梦出发的地方
已有57枚小雪叠起

雪片飞舞
自强不息
知青入天鹅
铁锤敲崖壁
筋骨劳兮身强体健
精神磨兮壮心不已

高考入门贵大
初衷可保衣食
是时百废待兴
当尽匹夫之力
一怀希冀
舒卷九天云翳

满腔热血

笑看四海浪碧

"我是七七级"

"精神的旗帜"

母校之恩泽

感念之挚炽

英气之年当以人生独立

地质转战报在江山无疾

红旗在山谷的风中飘扬

明灯被天上的星星高举

那狂暴的雨那火焰的情

一幕幕壮怀激烈飞鸣镝

师从先生徐中玉

蓄养一身浩然气

世事洞明皆学问

人情练达好文笔

学而不厌切磋天下大道

诲人不倦意在解惑释疑

为学不求甚精但求甚解

为师不求圣人但求圣语

修身立节堪羡芝兰玉树

做人做事秉承忠信孝义

坚定马列信念矢志不渝

追求人生理想自强不息

思想征程不辞千辛万苦

行政职场不分节假昼夜

组织协调哪容差失毫厘

悉心谋划岂敢三心二意

"重实际 讲实话"

足及村村户户

言出直面真理

"树正气 养大气"

秉宗旨不忘初衷

为民生执旗仗义

行走在大幕的背后

思想在决策的前期

昨日小雪·今又小雪

我的57·我的57

一次次感受您的温度

一次次高擎您的灵器

半瓶淡墨水

一支旧钢笔

此心光明

夫复何异

海龙囤飞镝

天梯

顺着天梯而上

气喘吁吁

在恐高中颤栗

却不小心

走进了历史

孤峰入云

天空长满荒草

四面陡峭的山崖

挂满宋元明的明信片

七百多年浓墨重彩

徒有豪情汹涌

一百一十四天硝烟

将齐政修教倒悬

把因俗而治吹散

玉石俱焚的灰烬

冷眼旁观

史诗走近

倾诉杨氏故事

一阵旋风狂舞

湘水仍在环流

海燕

滔滔巨浪远去

沉入群峰记忆

海燕的歌声

数亿年飘缈

仍在竹笛中

回旋

宝刀柔指缠

沿飞虎关游走

沉默的石头

怒气冲冲

是谁的诺言

烈火与暴力

岩浆奔突

造山运动

把目光揉碎

齑粉中还有化石

混沌冥想

黑色闪电

高悬的利剑

怒目的头颅

沧海一粟

时代格局

历史滚滚向前吗

司马迁可曾叩问

神龙

骑着青牛

怅然四顾

出关去了

飞龙关还在这里

孔子的慨叹

穿越海上迷雾

巨龙的眼神

思想闪电炫目

摆尾倏然

历史惊雷炸响

布云施雨

空城钟声

李苦禅的鹰

站在孤石上

兀立远眺

追寻

乐园何处

林涛如海

满山树木牵手

齐声

无伴奏合唱

燃烧

绿色的火焰

大道中永存

幻影

飞鸟掠空

泰戈尔留言

透不过重重叠叠的幻影

杀伐已如儿戏

耳目无声无色

坚硬的时间刻刀

挑穿苍白的空间

脑洞大开

留下一幅黑白木刻

沉默的石头

注满恋人絮语

土司小姐撒娇

从历史尘埃中

飘来一滴失恋的热泪

英雄真的是一个梦

请谁赐予

抬头望夜空

繁星点点

焰火

脚踏黔北石脊

夕阳拉长影子

沟壑的阴深处

冒出嘶哑的嗓音

石头在流泪

从高坪掠过

千年老树

惯看风雨雷电

锋刃白光

寒毛倒竖

七百年辉煌

一场焰火的表演

秦腔何处

一杆标枪

红缨满地

诉说当年英雄豪气

土司有梦

时间无影

谁来演绎

岁月风云

叩问沉浮

风流染血

美酒

风雨兼程

旌旗映日

数不清的大小战斗

兵刃铿锵

血染山岗

大纛迎风

还有

马蹄声脆

眼神真的迷离了

惊天动地的故事

走进了文字堆里

挣扎着

悄无声息

历史老泥

文化酵母

时间大手笔

要酿一缸好酒

数百年发酵

等待

何日开

香飘万里

终于

申遗成功

在今天

夕阳醉了

一枚酡红

红籽

抛洒历史的鲜血

播种漫坡的红籽

点燃了夜空

密密匝匝暗红的星星

大将军策马远去

耳畔余烟霞歌声

情感与记忆

壁立千仞

断涧荒崖

镜中有月

水中有花

七百年铺满防御城堡

苦盼一场纷飞的大雪

飘落无声

伴夜夜笙歌

新王宫遗址

青山绵延

秦汉明月

尘俗可将扫去

闲心可以山居

巴拉河短章

一首歌

峰接云际雷公山

刀片般锐风挣扎着咆哮

千军万马掠空突围

玄色紧迫嘶哑

老祖母容颜慈祥

摇篮曲依然袅袅

苗家女"蒙打哟"低唱

送白云入山浅吟

一支舞

暴雨不期而至

银饰白光如剑

穿越第四纪冰川

孑遗植物惊魂甫定

蝴蝶妈妈落英缤纷

画一撇新月弯眉

游方走进深山

精神天空火焰

一杯酒

荣耀与屈辱在血与火中嘶鸣

巨石般惊雷滚过天幕

历史与文化熬制 bang bang 穿喉

痴情学者魂葬苗乡

灰色牯牛四蹄如柱

顶着一对弯弯的酒杯

揽一溜长桌宴席

喝一个夕阳酡红

一缕魂

黑塞的河水呢喃

齐邦媛的巨流河抽泣

克里斯朵夫的浩荡江声

隐入历史的幽暗

电光蓦地一闪

是谁叩门

抖落满天星星

我心澄澈

寻归

自在之在

自在与不自在

当一个人是自己又不是自己的时候，这个人便达到了自在之境。为了自在，人们开始了写作。

小猫与它玩耍的线团之间是一种什么"关系"呢？小猫拨弄线团，猫在玩线团；线团不断滚动，逗引小猫不断地做出反应，"融入"线团本身变幻不定的滚动中，小猫被玩了，线团在玩小猫。是"谁"判定玩与被玩呢？不是主体，却又是主体。或者说，是"我"，也是"非我"。"我"能感知的，当然是该在"我的界限"内。但是，对"我的界限"的圈定，又必得在"我的界限"之外才有可能。只有一个"我"，于是生出了"非我"。很明显，这儿存在着一个"悖论"，一个大有深意的悖论。

小猫玩线团，恰如写作的写照。写作，在写作者走向自在之谷的路径上，不正是人与语言的"嬉戏"吗？人们在写作时，精神能量的最大耗散，是在写作过程中，也即调遣语言和被语言调遣的过程中。换句话说，也就是在人与语言的相互"关系"的及时性摩擦点上，产生可能的、达到自在之境的瞬间。

"我"写作自在吗？表面上，是自在的。实际上，并不真正自在。写作的自在状态总是以不自在为基础的。比如，写作时的一些冲动就是违背着"我的意思"的。"我"不明就里，以为"神助"或"迷狂"或"超化"等等。

其实，那"违背""神助""迷狂"和"超化"，是"我"丧失的表现。"我"深入语言，语言驾驭了"我"。"非我"在"我的界限"外注视着"我"，评价着"我"。于此，自在隐现了契机。

当托尔斯泰不能控制自己笔下的"人物"而被自己的"人物"所控制时，"我"已经是"非我"。托尔斯泰在人与语言相互"融合"的瞬间，作为写作者，是他自己又不是他自己，达到了自在。曹雪芹则是在"满纸荒唐言"的"非我"和"一把辛酸泪"的"我"之间去获取自在的。"斯坦尼斯拉夫斯基体系"指导下的每一次演出（写作），都是在强调突出"我"而隐含了"非我"，也即是"我"的强化到了"我不能自主"之"非我"来达到自在之境的；"布莱希特体系"指导下的每一次演出（写作），则是在强调"非我"而包含了"我"，也即运用了间离技术，清楚明白地（这已包含了"我"）使"人"不要沉浸到人物和事件中去（在写作的"非我"中）来达到自在之境的。

只有"我"的控制而没有"非我"的渗透的写作，不是写作的"高潮态"，不是自在的，只会产生"不美"的作品或"平庸"的作品。只有"非我"而没有介入"我"的写作，是不可想象的。

总的看，写作达至自在，常发轫于变不自在为自在；再让不自在等同于自在；然后确认，不自在是不自在，自在是自在；进而体悟，不自在即自在，自在即不自在。由此，人们在"肯定"与"否定"的分裂中，在"是"与"非"的对峙中，登堂入室于自在之境界。这些，都意味着同样的一个命题：写作就是写作。

写作与被写作

　　面对存在和意识，写作似乎是骄傲的、万能的。在无垠的宇宙里，在繁复的人世间，写作纵横驰骋，潇洒自如。写作，"记录"历史、"勾画"未来、"讲述"故事、"倾诉"幸福、"描绘"男人女人等等。更重要的是，"创造"文化。

　　确实，广义言之，所有的历史、未来、故事，幸福、男人女人和文化，都是被写作的。没有写作，人们不可能感知和表达这一切。既然是"被写作的"，当然就存在着被写作的依据。人们能"知"的依据，是"行动"。行动在被"知"之时，就是行动的"显示""呈现"之时。没有显示、呈现的行动是没有意义的，是不被"知"的，也就是不存在的。

　　其实，本质上，每一次行动（"呈现"为文化、历史、政治、经济、恋爱、伦理道德和风俗民情等等形态），就是一次写作，也就是一次语言的流泻。不是吗？新生儿的第一声啼哭，"写"下了人生的第一笔。这是孕含了人们能"知"的各种形态萌芽的一笔，极其丰富，意蕴深远。新生儿"事件"，既是行动又是语言（啼哭），后者尤为重要，从中，人们"感知"到许许多多的含义：是幸福（高兴得哭了）？是激动（情不自禁地高呼）？是抗议（悲愤地怒吼）？是委曲（无尽的苦衷化为无声的哭泣飘散在秋风中）？是"新世界"的第一声呐喊？是"脱离了宫温暖的保护"的最后一声叹息？……这里，"生"出了许许多多的学问和许许多多的智慧。在行动与语言之间，新生儿的行动本身就是被语言"写作"之后才存留下来的。没有语言的写作，便没有行动的显现。

新生儿的写作，因其过于复杂，成为一个"假想"。假想诉诸精神，不关涉"逻辑"，包容着林林总总的方方面面甚至相互对立的情感态度。因此，不言而喻，它包含了永恒性和无尽的超越的可能性。这是"当今"语言流泻的底层，是写作的语言的更深一层的语言，是既有的存在，是自产生之日起便从未间断过的语言。这种语言，初时潜流于"黑影"里，在某一天（即如新生生命的"生日"）以某种记号为标识被"命名"而凝固，并成为难以逾越的"千古丰碑"。

在"丰碑"前，人们不断地写作，"创造"着想创造的一切。然而，人们迈着"四方步"似乎疾行如飞，实则并未前进半步。人们当今的写作，实际上已经被写作过，人们在重复着，无休无止地重复着。早在数千年前，在中国，已有了"孔孟老庄"的丰碑，在西方，已有了"柏拉图亚里士多德"的丰碑，人们总是"提"到他们，总是"引用"他们，总是不能摆脱他们太长太长的阴影。

那"假想"，那"丰碑"，是"隐藏"在当今写作的语言之下的语言，这当是"语言的语言"，制导着人们能"知"的意向，捆绑着一个集团又一个集团的人们。人们渴求"关系"和"融洽"，非常害怕孤独、害怕遗弃（内心独白，因其产生自我交流，故是非孤独、非遗弃的），因而非常害怕失去语言。语言这个宠儿，其自身成为了最自由自在的存在，毫无顾忌地发泄着它自己的感情（喜怒哀乐等）。这是一根永恒的链条，沉重地抽打着，使人们不可能不写作，不可能不煎熬在痛苦之中。每一部文学名著，每一本历史著作，每一幅未来宏图，每一个文化成果，都逃不出语言的语言所划定的圈子，都是在语言的苦汁中浸泡出来的。表面上，"这个人"在写作，实际上，"这个人"被写作；表面上人在驱使着语言，得心应手地运用着语言，实际上人被语言所驱使，在"阴影"里摸索着语言——文化的链条，行进在无尽的人生之路。